# Diana's Easy Table

**일러두기**

· 재료는 4인분을 기준으로 했고, 김치와 만두는 대용량, 면류는 2인분입니다.
  이밖에 특별한 경우 따로 표기했습니다.
· 1컵은 200ml, 1큰술은 15ml, 1작은술은 5ml 기준입니다.
· 특정 브랜드 제품을 추천하는 경우 괄호 안에 밝혀 적었습니다.
· 추천 제품은 책 뒤쪽 '나의 팬트리' 페이지에 따로 모아 실었습니다.

순식간에 만드는 마법 같은 한식 레시피

# Diana's Easy Table

다이아나 강 지음

b.read

Intro

## Happy Cooking Happier Eating

　　스물셋, 결혼 당시 할 줄 아는 음식이 없었다. 그때만 해도 미국에 한국 식재료가 거의 없어서 치킨 스톡으로 국과 찌개를 만들고, 인스턴트 음식에 뭔가 더해 '요리'를 만들었다. 나의 이상한 요리를 접한 남편은 "이것의 제목은 무엇이지?" 하고 고개를 갸우뚱하면서도 잘 먹어줬다. 모험심 많은 나는 즐겁게 새로운 도전을 이어갔다. 요리책도 사 보고, 일본 아주머니의 쿠킹 클래스도 들으면서 이렇게 저렇게 음식을 했다. 하다 보니 요령이 생겼다. 일주일에 한 번, 토요일 아침에 장을 보고 다음 주 메뉴를 짜서 기본 손질과 준비를 해뒀다. 밑 국물 내놓고, 소스 만들고, 채소도 다듬어 잘라놓고, 밥도 한꺼번에 지어 소분해 냉동했다. 남편이 좋아하는 콩밥은 얼리면 맛이 없었다. 흰밥과 콩이 데워지는 시간이 달라서 콩이 데워지면 밥알은 말라버려, 흰밥과 콩을 분리해 준비했다. 이렇게 준비해두면 15~20분이면 저녁밥을 차릴 수 있었다.

나는 대학원을 졸업하고 40년 동안 일했다. 퇴근하고 나서 저녁을 한다고 말하면 사람들은 놀라기도 하고 의아해하기도 하는데, 실은 음식을 하는 단순 작업에 몰입하며 스트레스도 풀고 작은 성취감도 얻었다. 30년 전 한국에 돌아와서 지금까지 밥을 짓는다. 위도 안 좋고, 매운 것을 못 먹는 남편을 위해 다른 것은 못해줘도 음식은 해주고 싶었다. 대신 매우 심플하게!

우리 부부는 많이 먹거나 맛집을 열심히 찾아다니는 스타일은 아니지만 먹는 것이 중요하고 즐겁다. 그래서 하루의 한 끼는 제대로 먹으려고 한다. 많이 차려 내기보다 단품을 사랑하고, 반찬도 한두 가지면 족하다. 밑반찬에 '오늘의 메인' 한 가지만 새로 만든다.

코로나19를 겪으면서 문득 내가 밥해 먹은 기록을 남겨보자는 생각이 들었다. 요리 전문가도 아닌 나의 이 엉뚱한 계획에 제일 먼저 동조해준 것은 남편이었다. 45년간 그는 항상 "하고 싶으면 해!"라고 한 든든한 지지자이자 후원

자 그리고 '베프'였다. 부모님이 일찍 돌아가신 내게 든든한 울타리가 되어준 남편 강성룡 씨에게 고마움과 사랑을 전한다.

책을 만들며 나의 살림을 되짚어보니 나의 음식에 원칙이 있다. 제철 재료와 정성과 나눠 먹기다. 제철 재료의 가치를 알려준 분은 천정어머니다. 엄마는 과일, 채소, 생선 등 뭐든지 싱싱한 제철 것을 사면 복잡한 조리 과정 없이도 맛있고 건강한 밥상을 만들 수 있다고 알려주셨다. 시어머니께는 음식에 정성을 담는 법을 배웠다. 어머니는 큰살림을 하시면서도 늘 정성과 배려를 다하셨다. 차 한잔을 내더라도 알맞은 온도를 맞추고, 예쁜 잔을 골라 내고, 아버님을 위해 항상 새로 밥을 지으셨다. 어머니의 갖은 음식을 먹고 자란 남편이 우리 집에 처음 인사하러 왔을 때 큰이모님이 오븐에서 따듯하게 데운 접시에 음식을 담아낸 것에 감동해 두고두고 이야기하는 것을 보면 어떤 일이든 정성 어린 마음이 그 무엇보다 값진 게 아닐까 싶다. 집안에서 나의 별명이 '큰손'이다. 양 조절에 실패해 여러 집과 나눠 먹는 면도 있지만 탕이나 수프는 많이 만들어야 맛있다고 주장한다. 실은 음식을 나눠 먹는 순간은 음식을 만들 때보다 더 즐겁고 기쁘다.

지난 1년 동안 애써 주신 이나래 대표와 부계영 에디터, 이과용 사진가, 강혜숙 팀장. 이들의 도움이 없었다면 이 책을 완성하지 못했을 것이다.

쉽고 빠르고 맛있는 나만의 방법을 찾으며 기록한 레시피가 여러분의 즐거운 식탁에 도움이 되기를 기대하며.

2023년 크리스마스를 앞두고<br>
**다이아나 강**

# Contents

06　Intro

12　소금이 제일 중요해
15　요리가 만만해지는 만능 소스
18　쓰임 좋은 살림 도구

## Part 1
# Daily Quick & Easy
### 매일매일 쉽고 빠르게 해먹기

**26　우리 가족의 맛 찾기**
　30　두 가지 된장 섞어서, 시금치된장국
　32　인사동 그 집처럼, 된장비빔밥
**34　"다이아나, <냉장고를 부탁해>에 나가봐"**
　36　음식 하기 싫은 날, 명란백알탕
**38　음식은 깔끔하게**
　42　고추기름이 포인트, 순두부찌개
**44　두부를 메인 요리처럼**
　46　완두콩 얹은 두부조림
　48　케이크 같은 두부김치
　50　레몬에 담은 연두부

52 즉석 반찬을 만들어요
54 일본 아주머니에게 배운,
  브로콜리참깨무침
56 두드리면 향이 강해지는, 오이탕탕이

## Part 2
## One Prep Many Dishes
**한 가지 재료로, 여러 가지 만들기**

60 재료 하나로,
  둘 셋 네 가지 만들기
62 콩나물 두 봉지 = 콩나물밥 +
  콩나물무침 + 콩나물국
63 콩나물밥
64 콩나물무침
65 콩나물국
66 김치찜 한 냄비 = 김치찌개 + 김치등갈비찜
67 김치찜
68 로스트 치킨 한 마리로 할 수 있는 것
72 로스트 치킨 한 마리 = 스테이크 +
  샐러드 + 샌드위치 + 수프
73 닭다리스테이크
74 치킨샐러드
76 치킨샌드위치
78 치킨수프
80 닭 한 마리 = 닭곰탕 + 채소수프 + 닭죽
81 닭곰탕
81 닭 육수 베이스로, 채소수프
82 닭다리 얹은 닭죽

## Part 3
## Short Cuts
**나의 특기, 시판 제품으로 근사하게**

86 힘 덜 들이고 맛있게 먹고 싶다
90 버섯수프로, 버섯크림파스타
92 두유면과 연두부로, 콩국수
94 월남쌈보다 간편한, 포두부채소말이

96 옥수수를 좋아해
98 두 가지 캔 옥수수로, 콘푸딩
100 추억의 옥수수찐빵 맛, 옥수수머핀
102 캔 수정과로, 수정과젤리

## Part 4
## Signature Recipes
**그들로부터 이어온 소중한 음식**

106 스타일 다른 두 분이 알려준 것
110 아스파라거스를 곁들인 전복
112 자꾸 집어 먹게 되는,
  생강 간장 소스 닭봉튀김

114 "할머니! 알려주신
  백김치 맛있게 먹고 있어요"
118 할머니 레시피를 간단히, 백김치

120 지인들에게 배운 보물 같은 레시피
122 깨끗하고 깊은 전통의 맛, 배동치미
124 꽃순이 언니의 개성식 닭국
126 새우 가루 넣은 호박전
128 크래커로 만드는 레몬치즈케이크

**130 출장길에, 여행 가서
먹었던 음식을 해보다**
132 일본 식당에서 힌트 얻은, 김치보따리
134 액젓 드레싱, 알배추과일샐러드


## Part 5
## My Favorites
특별한 날, 챙겨 만드는 음식들

**138 새우라면 다 괜찮아**
142 집들이 선물로도 최고, 새우말이냉채
144 냉동 새우로, 새우파스타
146 최애 외식 메뉴의 재현, 등갈비찜

**148 치파오를 입고 만두 빚던 부인들**
152 여름에는, 호박만두
154 스크램블드에그를 넣은, 폭신한 새우만두
156 김치 대신 양배추 넣은, 고기군만두
158 대학생 시절 먹었던, 크림치즈만두

**160 가족 행사, 손님 오는 날
주문 들어오는 메뉴**
164 주문 1순위, 갈비찜
166 고기 먹을 때, 새콤달콤 오징어오이무침
168 생신날이면, 쇠고기뭇국
170 알고 보면 간단한, 떡국

## Part 6
## Something Special
메인이 되는 일품요리

**174 내 요리의 흑역사, 김치와 잡채**
178 가을의 맛, 우엉잡채
180 옛날식 불고기
182 외국 손님 오실 때, 너비아니
184 시행착오 끝에 찾아낸, 보쌈과 쌈장

**186 냉장고에서 생선 말리기**
188 생강 간장 소스 가자미구이
190 센불로 볶아 마무리하는, 제육볶음

## Part 7
## My Staples
든든한 밑반찬

**194 2~3주간 반찬 걱정이 사라진다**
198 찜기에 쪄서 매끈한, 반숙달걀장
200 쫀득쫀득하고 진한 맛, 연근조림
200 살캉살캉 땅콩조림
202 마늘 안 넣은 멸치볶음
204 어린 시절 최애 반찬, 장조림
206 양념장 숙성해서 만드는, 진미채

**208 봄, 여름, 가을, 겨울
채소장아찌를 만든다**
210 각종 장아찌
212 일석이조, 통마늘장아찌
214 마늘채, 생강채 넣은 깻잎장아찌

## Part 8
# Very Very Easy Kimchi
### 같은 양념으로 만드는 김치

**218 마흔, 태어나서 처음으로 김장을 경험하다**
222 채수 넣고 담그는 배추김치
224 무 맛있을 때, 깍두기
226 양념에 버무리면 끝, 파김치

**228 만능 양념으로 모든 김치를 만들다**
230 씨를 제거하고 버무리는 오이김치
232 양식 먹을 때, 그린토마토김치
234 여름에는 더 쉽게, 양배추김치

## Part 9
# Enjoy Your Weekend
### 주말을 위한 한 그릇 음식

**238 씹는 맛이 좋아**
242 스팸을 포크로 눌러서, 깍두기볶음밥
244 아삭아삭 사과가 씹히는, 사과카레라이스
246 카레라이스보다 묽게, 카레우동
248 빵가루에 치즈 가루 섞어서, 돈가스
250 시판 소스와 케첩을 섞어서, 햄버그스테이크
252 기름에 볶아서, 궁중떡볶이
254 시아버지께서 좋아하시던 타코

**256 "간단히 국수나 삶아 먹자고요?"**
258 1분 덜 삶아서, 잔치국수
260 1분 더 삶아서, 비빔국수
262 라면을 차게 먹으면, 냉라면
264 시판 소스에 재료 더해서, 라구파스타
266 간장 소스로, 버섯파스타

## Part 10
# Something Sweets
### 선물이 되는 디저트와 티

**270 테이블에 올리면 디저트, 포장하면 음식 선물**
274 차 만들기
276 작년에 담근 유자차로, 유자셔벗
276 막상 해보면 쉬운, 수정과
278 자몽 과육만 발라서, 자몽화채

282 나의 사소한 수집품
286 나의 팬트리

288 Index

## 소금이 제일 중요해

　　친정어머니는 음식 할 때 소금을 중요하게 여기셨다. 집에 간수를 빼고 있는 3년 된 소금, 5년 된 소금이 있었고, 국내 어디서 좋은 소금이 나오는지를 줄줄 꿰고 있었다. 당시 귀 기울여 듣지 않아 아쉽게도 자세한 것은 잘 기억이 나지 않는다. 김치를 담그다 보니 소금의 중요성을 알게 되었고, 소금에 대해 이것저것 알아보고 경험하면서 나의 소금 컬렉션도 생겼다. 한국 음식, 특히 김치를 만들 때는 천일염이 최적이다. 간수 뺀 천일염을 프라이팬에 볶아 쓰면 동치미나 백김치 만들 때 특히 간 맞추기가 쉽다.
30년 전 마사 스튜어트의 크리스마스 스페셜 북을 구입한 적이 있다. 레시피에 나오는 허브 소금이 없어 이탤리언 허브 믹스와 소금을 섞어 만들었다. 꽤 맛있어서 친구들에게 선물로 나눠줬다. 이후 허브뿐 아니라 장미, 카레 가루, 레몬 등을 준비해 소금과 조금씩 섞어 쓰곤 한다.

**굵은소금**  간수 뺀 천일염을 쓰거나 직접 간수를 빼서 쓴다. 채소, 특히 배추나 무를 절일 때 꼭 필수.

**코셔 솔트**  천일염이 없을 때 대체할 수 있는 외국 소금. 다양한 음식에 두루 무난하게 어울린다.

**레몬 소금**  베이킹 소다로 레몬을 문질러 깨끗이 씻어 얇게 저민 후 레몬양의 30% 정도 굵은소금을 섞어 병에 넣었다가 쓴다. 해산물 요리와 특히 잘 어울린다.

**이탤리언 허브 소금**  샐러드에 두루 쓰기 좋다. 특히 바질 소금은 파스타에, 타임 소금은 고기 요리에 잘 어울린다.

**프렌치 허브 소금**  파슬리 소금은 고기, 채소에 두루 어울리고 라벤더 소금은 빵이나 쿠키 등 베이킹에 풍미를 더한다.

**카레 가루 등 향신료 소금**  고기 밑간이나 찍어 먹는 용도로 좋고, 특히 돼지고기 요리에 쓰기 좋다.

**장미 소금**  말린 장미를 소금에 섞어뒀다가 샐러드나 채소 요리에 이용한다.

# 요리가 만만해지는 만능 소스

맛있는 소스가 있으면 음식 준비하는 시간도 줄고 과정도 한결 간단해진다. 청주에 생강을 넣거나, 두 가지 된장을 섞거나 고추장에 마늘과 매실청을 넣는 것만으로 완성되는 유용한 소스들을 소개한다.

**생강 간장** 시어머니께 배운 간장이다. 매년 10월 즈음 생강이 저렴할 때 생강 간장을 만들어 두고 1년 내내 쓴다.

생강(저민 것) 3컵, 간장 3컵, 설탕 3컵, 물 1컵

1  모든 재료를 냄비에 넣고 중간 불로 40분 정도 끓이다가 시럽처럼 걸쭉해지면 용기에 담아 냉장 보관한다.

**생강술** 고기, 생선 할 것 없이 살짝 뿌려 밑간해두면 잡냄새가 사라진다. 생강술은 냉장고에서 3개월 보관할 수 있다. 일반 소주는 화학 성분이 들어 있어 추천하지 않는다.

생강(저민 것) 1컵, 청주 3컵

1  소독한 병에 생강과 청주를 넣어 냉장 보관한다.

**저염 만능 간장** 우리 간장은 염도가 높고, 일본 간장은 달고, 중국 간장은 시럽처럼 진하다. 간장에 맛술, 다시마, 구기자를 섞으면 색도 진하지 않고 간이 딱 맞는다. 불고기, 갈비찜, 각종 조림과 볶음에 두루 쓸 수 있다.

간장(샘표 501 간장) 1컵, 맛술 1컵, 구기자 10~15알, 다시마(손바닥 크기) 2장

1  소독한 병에 모든 재료를 넣고 냉장고에 일주일간 두었다가 쓴다.

**마늘 고추장** 마늘은 장아찌로 먹고, 마늘 향이 은은하게 밴 고추장은 제육볶음 등의 양념으로 쓴다.

통마늘 3개, 시판 고추장(청정원 순창 태양초찰고추장) 1통, 매실청 3큰술

1  마늘은 껍질을 까서 씻은 후 물기를 닦고 꼭지 부분을 잘라낸다.
2  고추장에 마늘, 매실청을 넣고 잘 섞어 2~3개월 냉장 보관 후 먹는다.

**만능 된장** 우리 된장과 일본 미소 된장을 섞어 숙성시키면 염도도 낮아지고, 텁 텁한 맛이 줄면서 부드럽다. 된장찌개, 된장국에 두루 쓴다.

시판 된장(샘표 재래식 옛된장) 1통, 미소 된장(무첨가 미소 된장) 1통

1  두 가지 된장을 섞어 6개월 정도 김치냉장고에서 숙성시킨 후 사용한다.

**만능 김치 양념** 김치 양념을 넉넉히 만들어놓으면 각종 김치뿐 아니라 매운탕, 김치찌개 등에도 두루 쓸 수 있다. 6개월 정도 두고 먹을 수 있다.

사과·배·양파 1/2개씩, 무 1/4개, 홍고추 1개, 멸치 액젓·찬밥 1/2컵씩, 고춧가루 1컵, 다진 마늘 4큰술, 다진 생강 2큰술

1  사과, 배, 양파, 무는 대강 썰고, 홍고추는 반으로 갈라 씨를 턴다.

2  믹서에 ①의 재료와 멸치 액젓, 찬밥을 넣고 잘 간 후 고춧가루, 다진 마늘과 생강을 넣고 섞어 냉장 보관한다.

**매콤달콤 머스터드 드레싱** 한국 겨자는 너무 맵고, 보통 머스터드 소스는 개운한 맛이 덜하다. 우연히 발견한 독일 '샬러＆베버 스위트＆스파이시 머스터드'는 적당히 매운맛이라 이 제품을 베이스로 드레싱을 만든다.

머스터드(샬러＆베버 스위트＆스파이시 머스터드) 3큰술, 식초·레몬즙 2큰술씩, 참기름 1작은술

1  분량의 재료를 모두 섞어 드레싱을 만든다.

## 쓰임 좋은 살림 도구

　　　　　살림을 하며 많은 조리 도구를 구입하고 써봤다. 그중 유난히 쓰기 좋은 물건들을 소개한다. 기능이 좋아 편의를 더해주는 도구뿐 아니라 예쁜 디자인으로 테이블의 분위기를 업그레이드하는 소품도 소중하다.

**서빙 커틀러리**

여행지에서 그릇이 사고 싶을 때면 그릇보다 가볍고 안전한 서빙 도구를 사온다. 덕분에 샐러드, 전골, 찜, 디저트 등 음식 용도에 따른 다양한 서빙 커틀러리를 가지고 있다. 40년 넘게 모아온 물건이라 디자인과 스타일도 다양해서 테이블 세팅 무드에 따라 골라 쓴다. 때로는 서빙 스푼 하나로 식탁에 포인트가 되기도 한다.

### 깨 갈이, 잣 그라인더

이 책에 소개한 레시피 중에는 마지막에 깨를 갈아 넣는 것들이 있다. 음식을 먹기 직전에 깨를 갈아 올리는 것만으로 깨를 120% 즐길 수 있고 음식의 풍미도 훨씬 좋아진다. 내 것은 친정어머니가 40년 전에 주신 건데 아직도 잘 쓰고 있다. 깨를 가는 절구는 꼭 구비해두기를 권한다. 잣 그라인더는 본래 너트 그라인더인데, 미국에 살 때 어느 바비큐 레스토랑 개업 사은품으로 받은 것이다. 쓸수록 요긴해서 5년 전 인터넷을 뒤져 구입해 친구들에게 선물하기도 했다.

### 동그란 전 부치는 팬

이 프라이팬은 본래 노르웨이의 팬케이크 팬이다. 팬케이크 팬에 전을 부치는 방법은 시어머니께 처음 배웠다. 어머니는 유럽 여행을 하며 발견한 무쇠 팬케이크 팬에 미니 빈대떡을 구워주셨다. 나는 무쇠 재질은 사용하기 번거로워 미국에서 코팅된 팬케이크 팬을 사서 전을 부쳤고, 친구들에게 선물했더니 평이 좋았다. 최근에 우리나라에서도 이런 형태의 팬을 판매한다.

**나무 소재 도구들**

나무 그릇, 도마, 주걱, 숟가락, 잼 나이프 등 나무 소재의 물건을 좋아한다. 특유의 온화하고 부드러운 촉감과 색깔이 편안함을 주고, 쓰면 쓸수록 길이 들어 세월의 멋을 담아낸다. 아침 식탁에서 나무 소재 나이프로 잼을 바르면 어쩐지 부드럽게 하루를 시작하는 느낌이 든다고 할까.

**도자기 냄비, 무쇠솥**

다양한 냄비를 용도에 맞춰 쓴다. 무쇠솥은 관리하기가 쉽지 않지만 밥, 국, 찌개를 하면 깊은 맛을 내고, 감자 몇 알을 쪄도 더 맛있다. 속 뚜껑이 있는 르크루제 밥솥은 넘침 방지가 되고 뜸도 잘 든다. 도자기 냄비는 순두부찌개, 알탕, 달걀찜 등을 만들 때 쓰고, 상에 냄비째 올려 따뜻하게 먹기에도 좋다.

# PART 1

# Daily
# Quick
# &
# Easy

**매일매일 쉽고 빠르게 해 먹기**

우리 가족의 맛 찾기

### 시판 된장 섞어서 나만의 된장 만들기

구수한 된장국이 먹고 싶을 때가 있다. 그래서 우리 된장에 일본 미소 된장을 조금 섞어보기도 하고, 반반 섞어보기도 하면서 우리 집 된장을 만들었다. 담근 거 아니고 시판 된장 두 가지를 섞은 것! 이렇게 섞어 김치냉장고에 6개월 숙성하면 '된장국 소스'가 완성된다. 멸치 육수에 이 된장을 풀던 맛있는 된장국이 완성된다. 나는 서울 인사동 '툇마루집 된장예술'이라는 식당의 된장비빔밥을 좋아한다. 그래서 팬데믹으로 외출이 쉽지 않을 때 집에서 비슷하게 만들어보았다. 그 집 된장이 진하면서도 부드럽고 콩도 드문드문 보이던 기억이 났는데, 우리 된장에 일본 미소 된장을 섞었더니 제법 비슷한 맛이 났다.

### 할머니의 청국장 맛을 떠올리며

1979년 6월, 우리가 결혼하던 해에 시외조부모께서 결혼 60주년 기념으로 워싱턴 DC에 머무르셨다. 당시 외숙부 집에 계시면서 우리 집도 다니시며 가까이 지냈는데, 아무것도 모르는 새색시인 나를 많이 예뻐해주시고 이끌어주셨다. 할머니는 단아하시고 음식도 잘하셨으며 젊은 사람들의 실수도 사랑과 배려로 감싸주셨다. 특히 첫 손자며느리인 내게 많은 사랑을 주셨다. 할머니와 함께 워싱턴 근교 배추밭에 가서 배추도 뽑고, 호박도 땄던 기억이 아직도 생생하다.

남편은 할머니의 청국장을 특별히 좋아했는데, 청국장 띄우는 법을 배우지 못한 것이 아쉽다. 그래서 남편이 청국장 타령을 할 때면 된장찌개에 일본 낫토를 넣어서 청국장과 비슷한 된장국을 끓여주곤 했다. 그때만 해도 한인 마켓에 청국장이 흔치 않았고, 할머니의 청국장 맛을 따라가려고 여러 시도 끝에 이 레시피를 개발했다. 우리 된장과 일본 미소 된장을 반반씩 섞어서 6개월 정도 숙성시킨 후 낫토를 듬뿍 넣고 끓인다. 이 청국장은 냄새가 심하지 않고 맛도 순하다.

## 두 가지 된장 섞어서, 시금치된장국

시금치 1단, 양파 1개, 대파 1대, 만능 된장 2큰술(시판 된장 1큰술+미소 된장 1큰술, 16쪽 참조)
국물 팩(가야노야 다시 팩) 1개, 물 3컵, 다진 마늘 1/2작은술

**Cooking**

1. 냄비에 물 3컵과 국물 팩을 넣고 끓인다.
2. 시금치는 다듬어 소금물에 살짝 데친다. 데친 시금치의 물기를 꼭 짠 후 3cm 길이로 자른다.
3. 양파는 채 썰고, 대파는 어슷하게 썬다.
4. ①에 ②의 시금치와 ③의 양파를 넣고 끓인다. 한소끔 끓어오르면 다진 마늘을 넣고 된장을 푼 다음 다시 끓어오를 때 ③의 대파를 넣어서 잠깐 끓인다.

**Diana's Note**
시판 된장은 입맛에 따라 고르면 되는데 저는 단맛이 덜한
'샘표 재래식 옛된장'과 첨가물을 넣지 않은 미소 된장을 섞어요.
우리 된장 2통과 미소 된장 2통을 한 번에 섞어두고 먹지요.
두 가지 된장을 섞어 만든 만능 된장은 섞고 나서 6개월 후부터 사용하고,
2년까지 보관 가능해요.

## 인사동 그 집처럼, 된장비빔밥

두부 1/2모, 애호박 1/2개, 치커리 1단, 부추 1/2단,
대파 1대, 밥 2공기, 만능 된장 4큰술(시판 된장 2큰술+미소 된장 2큰술, 16쪽 참조),
국물 팩(가야노야 다시 팩) 1개, 물 3컵

**Cooking**

1. 냄비에 물 3컵을 넣고 국물 팩을 넣어둔다.
2. 두부와 애호박은 깍둑썰기한다. 치커리와 부추, 대파는 1cm 길이로 썬다.
3. ①을 5분 정도 끓인 후 두부와 애호박을 넣고 끓인다.
4. ③에 된장을 넣어 잘 푼 다음 대파를 넣고 끓여 완성한다.
5. 잡곡밥에 치커리와 부추를 듬뿍 올려 ④와 함께 곁들여 낸다.

**Diana's Note**
초봄에는 생부추를 넣는데, 다른 계절에는 부추가 억세고 쓴맛도 나니 넣지 않아도 돼요. 저는 봄에는 치커리도 듬뿍 넣어요. 식감도 아삭하고 된장의 구수한 맛에 치커리의 쌉싸래함이 어우러져 약간 세련된 맛이 난다고 할까요?

"다이아나, <냉장고를 부탁해>에 나가봐"

### 넉넉 잡아 15분이면 저녁상 뚝딱

일을 마치고 퇴근해서 내가 국물 요리를 하는 동안 남편이 수저를 놓고 개인 접시와 냅킨을 챙긴다. 퇴근해서 1시간 동안 밥을 차릴 수는 없으니까, 항상 15분이면 식탁에 앉을 수 있도록 했다. 빨리, 하지만 영양가 있는 저녁밥을 먹는 것이 삶의 작지만 소중한 기쁨이었다. 두부와 양파는 항상 있는 재료이고, 냉동실에 새우나 굴도 늘 준비해둔다. 밥이 없는 날은 즉석밥을 데우기도 하고, 두부가 없으면 찌개나 국에 감자를 대신 사용하기도 한다.

### 명란알탕에는 간도 필요 없어

된장찌개, 순두부찌개 모두 빨리 끓일 수 있지만 그중 제일 간단한 것이 명란알탕이다. 명란, 두부, 양파만 있으면 되고, 양파는 생략해도 된다. 게다가 육수 없이 맹물에 끓여도 맛있다. 내가 하도 빨리 만드니 남편이 이 메뉴로 TV 프로그램 <냉장고를 부탁해>에 나가보면 좋겠다고 말하기도 했다.

내 '알탕의 역사'는 이렇다. 미국에서는 얼린 대구알이 엄청 저렴하다. 2천 원이면 큰 봉지를 살 수 있어 학생 시절 대구알탕을 자주 만들었다. 한국에서는 대구알이 흔치 않고 잘 안 먹으니까 잊고 있었다. 그러다가 어느 날 선물받은 명란이 맵고 짜서 알탕으로 끓였는데 너무 맛있었다. 이제는 시장에서 명란을 많이 사다 얼려두고 음식하기 싫을 때, '오늘 뭐 먹을까?' 하는 궁리에 아무 아이디어가 안 떠오를 때 냉동실의 명란을 꺼낸다.

EPISODE 02

## 음식 하기 싫은 날, 명란백알탕

명란 3~4개, 두부 1/2모, 애호박·무 1/4개씩,
양파 1/2개, 대파 3대, 국물 팩(가야노야 다시 팩) 1개, 물 3컵, 들기름 1큰술,
다진 마늘·다진 생강 1작은술씩, 후춧가루 약간

**Cooking**

1. 명란은 찬물에 5분 정도 담가 짠맛을 뺀 다음 건져 물기를 제거한다. 물 3컵에 국물 팩을 넣어두어 육수를 우린다.
2. 두부, 애호박, 양파는 한 입 크기로 깍둑썰기한다. 무는 납작하게 나박썰기하고, 대파는 송송 썬다.
3. 냄비에 들기름을 두르고 중간 불에서 ②의 채소를 볶다가 ①의 육수를 붓고 다진 마늘과 생강, 두부를 넣는다.
4. ③이 끓으면 명란을 넣고 후춧가루를 뿌린다. 이때 알이 깨질 수 있으므로 많이 젓지 않는다.
5. 마지막으로 송송 썬 파를 뿌려 낸다.

**Diana's Note**
명란알탕의 핵심은 당연하게도 좋은 명란을 쓰는 것이고,
무를 넣으면 국물이 시원해요. 명란은 알이 통통하고 짜거나 맵지 않게
절인 것을 쓰세요. 저는 겨울에 명란을 사서 2~3개씩 소분해 얼렸다가
써요. 냉동한 명란을 꺼내 찬물에 5분 정도 담갔다 쓰면 비린내도 사라지고
알이 통통하게 살아나 식감도 탱탱해져요.

음식은 깔끔하게

### 재료는 3~5가지면 충분

재료는 3개면 충분하고 많아도 5개를 넘지 않는다. 재료가 다양하게 들어가면 번거롭기도 하고, 맛이 섞여서 오히려 음식의 본맛이 덜하다. 된장찌개는 두부·양파·호박, 부대찌개는 김치·소시지·두부면 끝이고, 김치찜은 멸치 육수에 김치만, 잡채를 만들 때도 주재료를 3개 정도만 쓴다. 처음부터 그러진 않았고 하다 보니 요령이 생겼다. 그리고 고명으로 꾸미거나 보여주기 위한 음식은 집밥으로서는 자제한다. 제사상이나 어려운 손님 오셨을 때는 가끔 애를 쓰기도 하지만.

### 불 조절이 포인트

음식 할 때는 불 조절이 중요하다. 닭곰탕 같은 것은 뭉근히 오래 끓이지만 찌개를 끓일 때는 감자 정도만 오래 익히고 호박, 양파 등은 끓어오를 때 불을 끈 뒤 뚜껑을 덮어 잔열로 익힌다. 양파도 푹 익히면 들척지근한 단맛이 나서 별로 좋지 않다. 된장을 넣고 나서는 팔팔 끓이지 않아야 맛도 영양도 좋다. 알탕은 우르르 끓을 때 명란을 넣고 불을 끈다. 안 그러면 명란이 다 흐트러져서 국물이 지저분해진다. 달걀도 불을 끄고 넣어야 거품 안 생긴다. 내 순부두찌개의 포인트는 고추기름인데 팬에 기름 두르고 파를 볶다가 고춧가루를 집어넣고 불을 끄는 것이 핵심이다.

EPISODE 03

## 고추기름이 포인트, 순두부찌개

순두부 1팩, 소금 약간, 굴(냉동) 1컵, 양파 1/2개, 대파 1/2대,
국물 팩(가야노야 다시 팩) 1개, 물 3컵, 멸치 액젓 1큰술, 식용유·들기름·고춧가루 1큰술씩,
다진 마늘(생략 가능)·저염 만능 간장(15쪽 참조) 1큰술씩, 후춧가루 약간

**Cooking**

1  순두부는 소금을 약간 뿌려 밑간한다. 냉동 굴은 흐르는 물로 씻은 후 체에 밭쳐 녹인다. 물 3컵에 국물 팩을 넣어두어 육수를 우린다.

2  양파는 한 입 크기로 깍둑썰기하고, 대파는 송송 썬다.

3  달군 냄비에 식용유와 들기름을 두른 후 ②의 파를 한 줌 정도 남기고 넣어 볶다가 고춧가루를 넣고 바로 불을 끈다.

4  고추기름이 나오면 불을 다시 켜고 ②의 양파를 넣어 중간 불로 볶다가 ①의 육수와 멸치 액젓을 넣는다.

5  ④가 보글보글 끓으면 순두부와 해동된 굴을 넣고 끓이다가 다진 마늘을 넣고 간장으로 간한다. 후춧가루를 살짝 뿌린 후 ③에서 남겨둔 파를 올려 낸다.

**Diana's Note**
고추기름을 낼 때는 고춧가루를 넣은 후 바로 불을 꺼야 탄 맛이
나지 않아요. 고춧가루는 쉽게 타거든요. 다진 마늘은 넣지 않아도 되고,
취향에 따라 달걀을 깨서 올리기도 해요.

두부를 메인 요리처럼

### 흔한 재료 다른 방법으로 내기

마땅한 반찬이 없을 때 두부 한 모로 근사한 메인 요리를 만들 수 있다. 두부를 크게 잘라 굽고 제철에 냉동해둔 완두콩을 볶아 올리면 '요리'가 된다. 도예가 김정옥 작가 댁에 갔을 때 알게 된 두부 요리는 상상하던 모양이 아니었다. 두부를 동그랗게 잘라서 고기와 가지를 올렸는데 마치 케이크 같았다. 나는 좋아하는 두부김치에 이 방법을 응용해보았다. 외국인을 초대할 때 두부와 신선한 채소, 그들이 익숙한 드레싱을 곁들여 애피타이저로 내면 좋다.

### 미슐랭 셰프의 두부 요리

10여 년 전 <김치 크로니클(Kimchi Chronicle)>이라는 미국 PBS의 다큐멘터리 제작에 참여한 적이 있다. 13부작으로 뉴욕의 유명한 미슐랭 3 스타 셰프 장 조지(Jean-Georges)와 그의 아내 마르자(Marja)가 한국의 다양한 음식을 맛보고 소개하는 프로그램이었는데 그가 인사동의 맛집에서 먹은 두부 요리를 변형해서 소개했다. 두부에 레몬 맛과 향이 밴 상큼하고 크리미한, 모양도 맛도 디저트처럼 예쁜 요리다. 나도 특별한 날이나 손님이 오셨을 때 즐겨 낸다.

### 대접하는 마음

친정어머니는 제철 재료의 신선한 맛을 가장 중요하게 생각하고, 상차림도 꾸밈없이 담백한 것을 좋아하셨다. 시집와서 보니 시어머니는 정성 들여 상을 차리는 분이셨다. 사과 한쪽을 내도 단정하게 갖춰서 내셨다 '귀찮게 뭐 저렇게까지 나' 싶기도 하고 낯설었는데 40여 년 생활하니 은연 중에 어머니의 자세를 닮아갔다. 이것은 가족과 손님, 그리고 나 자신을 대접하는 마음이 담긴 행위였다.

EPISODE
04

## 완두콩 얹은 두부조림

두부 1모, 완두콩 1/2컵, 식용유 2큰술, 소금 적당량, 통깨 약간
**조림 소스** 밑국물 2큰술, 설탕 1/2큰술,
다진 쪽파·다진 생강 1/2작은술씩, 참기름 1/2큰술

**밑국물** 육수에 간장을 1:1 비율로 섞어 끓인 것.
육수 3컵(가야노야 다시 팩 1개+물 3컵)과 간장(샘표 진간장) 3컵을 끓여서
식힌 후 병에 담아두고 쓴다. 국, 국수 등 국물 요리에 두루 쓴다.

**Cooking**

1. 두부를 반으로 자른 후 소금을 뿌려 5분 정도 둔다.
2. 분량의 재료를 섞어 밑국물을 만든다.
3. 두부의 물기를 제거한 후 달군 팬에 기름을 두르고 양면을 노릇하게 굽는다.
4. 두부 구운 팬에 완두콩을 볶다가 소스를 넣어 살짝 조린다.
5. 접시 위에 두부를 놓고 ④의 조린 완두콩을 올린 후 통깨를 뿌려 낸다.

**Diana's Note**

중식의 마파두부와 한식의 두부조림을 믹스해 만든 퓨전 메뉴예요.
크고 두툼한 재래식 두부로 만들면 훨씬 볼품이 나요.
저는 이 두부조림을 이정미 작가의 굽이 있는 파랑 접시에 올려요.
마치 하이힐을 신고 멋을 낸 듯 음식이 돋보여 센터피스 역할도 해요.

### 케이크 같은 두부김치

두부 1모, 김치 1/8쪽, 어린잎채소 적당량, 설탕 1작은술, 참기름 1작은술,
통깨·소금 약간씩, 둥근 틀(지름 8cm)
**참깨 소스** 시판 참깨 드레싱 1/4컵, 고추냉이 2큰술, 식초 1큰술

**Cooking**

1. 두부를 채반에 받쳐 물기를 뺀 후 둥근 틀로 두부를 동그랗게 자른다.
2. 동그랗게 자른 두부를 가로 방향으로 반 갈라 한쪽은 통째로 쓰고, 나머지 한쪽은 으깬다. 으깬 두부에 통깨와 참기름, 소금을 약간씩 넣고 섞어 밑간한다.
3. 김치는 양념을 털고 다진 후 설탕과 참기름을 1작은술씩 넣어 양념한다.
4. 접시에 둥근 틀을 올리고 통두부 → 다진 김치 → 으깬 두부 순으로 층층이 쌓는다.
5. 틀을 빼고 참깨 소스를 골고루 뿌린 후 어린잎채소를 올려 낸다.

**Diana's Note**

시판 참깨 드레싱은 '큐피' 제품을 즐겨 쓰고, 두부는 단단하지 않은 찌개용 두부를 사용해요. 두부는 종이 타월로 물기를 충분히 제거한 뒤 조리하세요. 두부를 미리 채반에 밭쳐놓았다가 쓰면 간편해요.

## 레몬에 담은 연두부

연두부 1모, 레몬 4개, 레몬즙 2큰술, 땅콩 1/3컵, 잣 1큰술, 설탕·꿀 1큰술씩,
소금 1/4작은술, 장식용 귤(또는 민트잎) 약간

**Cooking**

1 레몬을 씻어서 윗부분을 가로로 잘라내고 과육을 파낸 후 잘라낸 뚜껑은 따로 둔다.
2 ①의 레몬 아랫부분을 수평으로 조금 잘라 세우기 좋게 만든다.
3 연두부와 레몬즙, 땅콩, 잣, 설탕, 꿀, 소금을 믹서에 넣고 간다.
4 ③을 ②의 레몬 안에 넣고 귤이나 민트잎 등으로 장식한다.
5 냉장고에 1시간 정도 두었다가 먹으면 레몬 향이 두부에 잘 배어 풍미가 좋다.

**Diana's Note**
레몬뿐 아니라 감귤, 한라봉, 천리향 등으로 응용해도 좋아요.

즉석 반찬을 만들어요

**참깨는 즉석에서 갈아 넣기**

워싱턴 DC에 살던 신혼 시절 동네 일본 아주머니의 쿠킹 클래스를 다녔다. 그때 배운 일본 가정식 중 미소된장국, 닭튀김(치킨가라아게), 달걀찜 등은 지금도 애용하는 레시피다. 특히 다음 장에 소개하는 브로콜리참깨무침은 재료와 과정이 간단하면서도 무척 맛있다. 즉석에서 참깨를 갈아 소스를 만드는 것이 핵심인데 그렇게 만들면 참깨의 풍미가 대단하다.

내가 즐겨 만드는 즉석 반찬 중에 오이탕탕이도 소개한다. 고등학교 시절 대만에 살 때 이웃집 아주머니네 집에서 오이탕탕이를 처음 먹어봤다. 아주머니 레시피는 중국 사람들이 즐겨 먹는 라유를 집어넣어 하루 정도 재우는데 맵고 기름기가 있어 상큼한 맛은 없었다. 내 입에는 오이소박이도 아니고 오이샐러드도 아닌 것이 그다지 입맛에 맞지 않았다. 이후 '베프' 제이(Jay) 집에 갔더니 요리 잘하는 그의 남편 켄트(Kent)가 오이를 잘라서 라유를 넣고 피클 비슷하게 만든 것을 내놓았다. 나는 스테이크나 기름진 고기를 먹을 때 총각김치를 곁들이는 걸 참 좋아하는데, 총각김치 대신 뭔가 개운한 것이 있었으면 해서 켄트가 가르쳐준 레시피를 응용해보기로 했다. 그리고 이렇게 저렇게 해보다가 라유를 빼고 설탕, 식초, 마늘, 소금으로 간을 해 통깨로 마무리한 새콤달콤 상큼한 레시피를 찾아냈다. 특히 기름진 고기와 먹을 때 찰떡 궁합이다. 몇 년 전부터 유튜브와 텔레비전 프로그램에서도 이런 오이탕탕이를 선보이면서 많이들 해먹는 것 같다.

## 일본 아주머니에게 배운, 브로콜리참깨무침

브로콜리 1개
무침 소스 멸치 파우더(시마야 다시맛 파우더)·간장 1작은술씩, 참깨 간 것 3큰술

**Cooking**

1. 브로콜리는 송이 부분을 잘게 잘라 소금물에 데친 후 찬물에 헹궈 물기를 뺀다.
2. 분량의 재료를 섞어 소스를 만든 다음 데친 브로콜리를 버무린다. 이때 참깨를 바로 갈아 소스를 만들어 무치는 것이 포인트다.

**Diana's Note**

시판 제품 '시마야 다시맛 파우더'가 없으면 멸칫가루와 설탕을 1:1로 섞어서 대신 사용해도 돼요. 저는 브로콜리를 사서 데친 다음 냉장 보관해두고 써요. 반찬 만드는 시간도 줄고, 브로콜리 깨무침은 차가운 것이 더 맛있기도 하고요.

## 두드리면 향이 강해지는, 오이탕탕이

**백오이(갸름한 것) 5개, 깨소금·통깨 4작은술씩**
**소스 소금 1작은술, 설탕 2작은술, 3배 식초 4작은술, 다진 마늘 1작은술**

**Cooking**

1. 오이는 씻어서 양쪽 끝을 잘라 비닐을 덮고 나무 망치로 두드린 후 한 입 크기로 자른다.
2. 분량의 소스 재료를 섞는다.
3. ②에 ①의 오이와 깨소금을 넣고 가볍게 버무린 후 통깨를 뿌린다.
4. 냉장고에 1시간 정도 두었다가 상에 낸다. 이렇게 하면 간이 잘 배서 맛있다.

**Diana's Note**
오이는 통통하거나 늙은 것보다는 갸름한 것을 고르는 게 좋아요. 오이를 방망이로 두들겨서 자르면 특유의 비린 맛은 덜해지면서 오이 향은 강해지지요. 양념도 잘 배고 아삭함도 오래가요. 이 반찬은 일주일은 두고 먹을 수 있어요. 물론 만든 날이 제일 맛있지요.

PART 2

# One
# Prep
# Many
# Dishes

**한 가지 재료로, 여러 가지 만들기**

재료 하나로, 둘 셋 네 가지 만들기

### 콩나물 한 봉지로 반은 무치고, 반은 밥하고

나는 재료 밑손질을 한꺼번에 해서 몇 가지 메뉴를 만드는 것에 희열을 느낀다. 뭔가 크게 시간과 품을 절약한 것 같아 일이 가뿐하고 즐겁기까지 하다. 콩나물 한 봉지로 콩나물밥, 콩나물국, 콩나물무침을 동시에 하는 식이다. 정확히는 한 봉지로 반은 콩나물밥, 반은 콩나물무침을 하면 마침맞다. 콩나물밥을 할 때는 생콩나물을 넣으면 비린 맛이 나니까 한꺼번에 삶아 반은 밥에 올려 짓고, 반은 무친다. 콩나물밥과 콩나물국을 하는 방법도 있다. 찬물에 콩나물과 파, 마늘 넣고 뚜껑 열고 끓이다가 살짝 익으면 반을 건져 콩나물밥을 한다.

### 김치찜 만들 때 찌개, 국, 등갈비찜까지

우리는 달랑 두 식구지만 매년 김장을 한다. 살림 연차가 쌓일수록 김치만 있으면 식탁이 든든하다는 것을 알게 됐다. 1년 내내 묵은 김치로 김치찜, 김치찌개를 만들어 먹을 수 있다. 우리 집 김치냉장고에는 2년 묵은 김치도 있는데 여전히 사각사각한 식감이 살아 있고 적당한 신맛이 입맛을 돋운다. 그리고 무엇보다 집 김치로 김치찜을 만들어야 맛이 제대로다. 김치찜을 할 때 한 번에 두 포기 정도 꺼내 넉넉하게 만들어 한 포기는 찜 그대로 먹고 나머지는 김치찌개로 먹는다. 김치찜을 베이스로 김치찌개, 김치콩나물국, 등갈비김치찜 등 맛있는 음식을 여러 가지 만들 수 있다. 내가 유난히 김치를 사랑하긴 한다(웃음).

EPISODE 06

**콩나물 두 봉지 = 콩나물밥 + 콩나물무침 + 콩나물국**

**콩나물 삶기** 콩나물 두 봉지(600g)를 씻어 냄비에 담고 콩나물이 잠길 만큼 물을 넉넉히 물을 넣는다. 뚜껑을 열고 콩나물 냄새가 날 때까지 삶는다.

## 콩나물밥

삶은 콩나물 200g, 쌀 2컵, 물 2컵, 당근 1/3개, 생표고버섯 3개, 소금 약간
**양념장** 간장 3큰술, 맛술 2큰술, 매실청 1/2큰술, 고춧가루 1큰술, 다진 쪽파·다진 홍고추 1작은술씩, 깨소금·참기름 1큰술씩

**Cooking**

1. 쌀은 씻어서 불려놓고, 당근은 반달 모양으로 썬다. 표고는 기둥을 떼고 편으로 썬다.
2. 밥솥에 불린 쌀과 삶은 콩나물 중 3분의 1(200g), ①의 당근과 표고를 차례대로 넣고 물 2컵을 부어 밥을 짓는다.
3. 분량의 재료를 섞어 양념장을 만든다.
4. 밥이 다 되면 그릇에 담고 양념장을 곁들여 낸다.

## 콩나물무침

삶은 콩나물 200g, 쪽파 2줄기, 마늘 1쪽, 멸치 액젓 2작은술,
고춧가루·참기름·깨소금 1작은술씩, 소금·후춧가루 약간씩

**Cooking**

1. 쪽파는 송송 썰고, 마늘은 칼등으로 눌러 으깬다.
2. 삶은 콩나물 3분의 1(200g)을 건져 볼에 담은 후, ①의 쪽파와 으깬 마늘, 멸치 액젓, 고춧가루, 소금, 후춧가루를 넣고 무친다.
3. 참기름과 깨소금을 뿌려 완성한다.

**Diana's Note**

콩나물밥을 할 때 우엉, 버섯 등 제철 채소를 추가하거나 씻은 김치를 넣어도 맛있어요. 함께 만든 콩나물무침은 다음 날 반찬으로 냅니다.

## 콩나물국

삶은 콩나물 200g, 마늘 2쪽, 소금 1큰술, 고춧가루 2작은술(생략 가능), 쪽파 1줄기

**Cooking**

1. 쪽파는 송송 썰고 마늘은 다진다.
2. 콩나물 삶은 냄비에 남은 나머지 콩나물 3분의 1에 다진 마늘을 넣고 끓이다가 소금, 고춧가루를 넣고 먹기 직전에 쪽파를 넣는다.

김치찜 한 냄비 = 김치찌개 + 김치등갈비찜

## 김치찜

김치 1포기, 국물 팩(가야노야 다시 팩) 2개, 물 1L
**찜 양념** 고춧가루 3큰술, 설탕·멸치 액젓·저염 만능 간장(15쪽 참조) 2큰술씩, 다진 마늘 1큰술

**Cooking**

1 물 1L에 국물 팩을 넣어둔다.
2 김치는 양념을 털어내고 깨끗이 준비한다.
3 분량의 재료를 섞어 찜 양념을 만든다.
4 냄비에 김치와 ①의 육수를 넣고 끓인다. 끓기 시작하면 찜 양념을 넣고 중간 불로 40분간 끓여 김치찜을 완성한다.

**Diana's Note**
김치찜을 넉넉히 만들어 김치등갈비찜, 김치찌개, 김치볶음밥, 김치콩나물국을 만들 때 활용하면 좋아요. 김치등갈비찜은 김치찜에 등갈비만 추가해 끓이면 됩니다.

로스트 치킨 한 마리로 할 수 있는 것

### 치킨 한 마리로 네 가지 요리

내가 가장 뿌듯하게 활용하는 재료는 코스트코의 로스트 치킨이다. 6900원짜리 한 마리면 살을 발라내 샌드위치, 샐러드, 파스타, 수프, 스테이크 등 다양한 메뉴를 만들 수 있다. 살을 발라 샐러드와 샌드위치 소를 만들고, 발라낸 뼈로 닭 육수를 내 수프를 만든다. 닭다리를 스테이크로 낼 때 채소를 구워 곁들이면 훌륭한 한 끼 식사가 된다.

### 뉴욕에서 치킨샌드위치를 맛본 날

미국에서 학교 다닐 때 참치샌드위치와 치킨샐러드, 치킨샌드위치가 가장 흔했다. 특별한 소스 없이 마요네즈를 넣어 만든 평범한 샌드위치였다. 그런데 어느 날 뉴욕에서 델리 샌드위치를 먹고 치킨샌드위치의 다른 차원을 알게 되었다. 일단 닭살을 잘게 다져서 샐러드를 만든 후 사과와 건포도, 호두 등을 넣어 완성한 이 치킨샌드위치를 맛보고 나의 입맛이 바뀌었다. 특히 호스래디시와 머스터드를 섞은 드레싱은 케첩과 마요네즈만 알고 있던 나에게 신세계였다. 그날 이후 샌드위치에는 머스터드 드레싱을 꼭 넣는다.

### 닭 한 마리를 삶아 곰탕, 죽, 수프를

로스트 치킨으로 샌드위치, 샐러드 등 서양 요리를 만들 수 있다면 닭 한 마리를 삶으면 몇 가지 한식을 할 수 있다. 닭 삶은 국물, 즉 닭 육수는 말하자면 치킨 스톡이다. 닭에 채소를 넣고 삶아 곰탕으로 한 번 먹고, 그 국물을 이용해 닭죽을 만든다. 역시 그 국물에 닭살을 발라 넣고 닭고기수프를 끓여도 맛있다. 그래서 나는 아예 2마리 정도 삶아서 육수를 소분해 냉동실에 비축해둔다.

로스트 치킨 한 마리 = 스테이크 + 샐러드 + 샌드위치 + 수프

## 닭다리스테이크

로스트 치킨 닭다리 1개, 당근·고구마 1/2개씩, 버터 1큰술, 메이플 시럽 2큰술,
버섯 소스(비피 포르치니 머시룸 소스) 3큰술, 우유 1큰술

**Cooking**

1. 당근은 1cm 두께로 동그란 모양을 살려 썬 후 모서리 부분을 돌려 깎는다.
2. 고구마는 삶아서 당근처럼 동그랗게 썬다.
3. 팬에 버터를 둘러 녹으면 고구마를 넣고 살짝 구운 후 당근과 메이플 시럽을 넣고 조린다.
4. 팬에서 당근과 고구마를 꺼낸 후 닭다리와 버섯 소스, 우유를 넣고 닭고기에 소스가 스며들도록 데운다.
5. 접시에 닭다리를 담고 팬에 남은 소스를 얹은 후 ③의 당근과 고구마를 가니시로 곁들여 낸다.

## 치킨샐러드

로스트 치킨 닭가슴살 1/2마리분, 로메인 5장,
방울토마토 6개, 샤인 머스캣 10알, 파프리카·당근 1/2개씩, 호두 약간
**머스터드 드레싱** 머스터드 3큰술, 꿀(또는 설탕) 2큰술,
식초·레몬즙 2큰술씩, 참기름 1작은술

**Cooking**

1. 닭가슴살은 먹기 좋은 크기로 찢는다.
2. 분량의 재료를 섞어 드레싱을 만든다.
3. 로메인은 큼직한 크기로 찢고, 파프리카와 당근은 채 썬다. 방울토마토와 샤인 머스캣은 반으로 자른다. 호두는 손으로 대강 부순다.
4. 그릇에 ①과 ③을 올리고 드레싱을 뿌려 낸다.

**Diana's Note**
머스터드 드레싱 대신 시판 참깨 드레싱을 뿌려도 맛이 잘 어울려요.
과일과 채소는 집에 있는 것을 활용하세요.

## 치킨샌드위치

치아바타(또는 바게트) 2쪽, 치킨 살 1컵, 양상추 2~3잎, 토마토 1/2개,
건포도·호두 1/4컵씩, 사과 1/2개, 다진 양파·다진 피클 1/4컵씩
**소스** 머스터드·마요네즈 2큰술씩, 올리브 오일·시판 참깨 드레싱 1큰술씩

**Cooking**

1. 치킨의 살을 발라 잘게 다진다. 양상추는 씻고, 토마토는 슬라이스한다.
2. 호두, 사과, 양파, 피클은 잘게 다진다.
3. 분량의 재료를 섞어 소스를 만든다.
4. 볼에 건포도와 ①의 치킨 살, ②의 다진 재료를 담고 소스를 넣어 잘 섞는다.
5. 빵을 반으로 갈라 양상추 → ④의 치킨샐러드 → 토마토를 올려 완성한다.

**Diana's Note**
치킨샌드위치에 로스트 치킨이나 프라이드치킨을 넣으면 더 진하고 고소해요. 저는 씹히는 맛을 좋아해서 샌드위치에 사과를 꼭 넣어요.

## 치킨수프

감자·양파·당근 등 채소 적당량(있는 채소로 대체 가능), 셀러리 1대,
버터 1큰술, 소금·파슬리 가루 약간씩, 빵 1~2쪽
**치킨 육수** 로스트 치킨 닭뼈와 껍질 1마리분, 양파 1개, 대파·셀러리 1대씩,
마늘 3쪽, 생강(작은 것) 1톨, 월계수잎 2장, 오레가노 가루 1작은술, 소금 1큰술, 물 1L

**Cooking**

1. 냄비에 닭뼈와 모든 육수 재료를 넣고 끓기 시작하면 중간 불로 낮춰 15분간 끓인다.
2. 감자, 양파, 당근 등의 채소는 먹기 좋은 크기로 깍둑썰기한다. 셀러리는 송송 썬다.
3. ①을 체에 걸러 깨끗한 국물만 받는다.
4. 냄비에 버터를 두르고 ②의 채소를 볶다가 감자가 익으면 ③의 육수를 넣고 끓인다. 모자란 간은 소금으로 한다.
5. 수프를 그릇에 담고 파슬리 가루를 뿌린 후 빵을 곁들여 낸다.

**Diana's Note**
위에 소개한 레시피는 아마도 가장 쉽게 치킨 육수를 내는 방법일 거예요. 재료 중 생강, 월계수잎, 오레가노 가루는 생략 가능해요. 이 육수는 각종 수프를 만들 때 베이스로 활용하기 좋아요.

닭 한 마리 = 닭곰탕 + 채소수프 + 닭죽

## 닭곰탕

닭 1마리, 물 1L, 양파 1개, 대파 1대, 셀러리 3줄기, 마늘 5쪽, 생강 1톨,
월계수잎 2장, 통후추 10알

**Cooking**

1. 닭은 깨끗이 씻어 기름기를 뗀다. 냄비에 물과 나머지 재료를 모두 넣고 끓인다.
2. 물이 끓으면 불순물을 떠내고 중간 불에서 30분 정도 끓인다.
3. 뽀얗게 우러난 닭 육수를 체에 거른다. 닭다리는 분리해 놓고, 살코기는 손으로 찢어놓는다.
4. ③의 국물에 손으로 찢은 살코기의 절반을 넣어 닭곰탕을 완성한다. 나머지 살코기는 닭죽이나 샐러드 등 다른 요리에 활용한다.

**Diana's Note**

셀러리를 넣으면 닭 특유의 냄새가 잡히면서 느끼한 맛이 가셔요.
셀러리를 더했을 뿐인데 서양 요리 느낌이 나죠.

## 닭 육수 베이스로, 채소수프

닭 육수 2컵, 감자 1개, 당근 1/2개, 셀러리 1대

**Cooking**

1. 감자와 당근은 깍둑썰기한다. 셀러리는 송송 썬다.
2. 냄비에 닭 육수와 ①의 채소를 넣고 끓여 채소수프를 완성한다.

**Diana's Note**

저는 닭곰탕을 만들 때 닭 2마리로 넉넉히 닭 육수를 만들어 소분해 냉동해두고 써요. 말하자면 홈메이드 치킨 스톡이지요. 이 육수는 로스트 치킨 뼈로 만든 육수보다 깔끔한 맛이 나요. 그리고 이 수프는 추운 겨울에 든든한 아침식사가 돼요.

## 닭다리 얹은 닭죽

닭다리(삶은 것) 2개, 닭 육수 3컵, 쌀·찹쌀 1컵씩, 들기름·소금 약간씩

**Cooking**

1. 쌀과 찹쌀은 씻어서 체에 밭쳐둔다.
2. 냄비에 들기름을 두른 후 ①의 쌀을 넣고 볶다가 닭 육수를 조금씩 부어가며 눌어붙지 않도록 저어준다.
3. 쌀이 익고 부드러워지면 중간 불로 뭉근히 끓여 죽을 완성한다.
4. 그릇에 담고 닭다리를 얹어 낸다.

**Diana's Note**
닭 육수를 따로 내서 고기를 건져내고, 죽을 쑨 후 닭다리를 얹어 내면 차림새가 근사해요.

PART 3

# Short Cuts

나의 특기, 시판 제품으로 근사하게

힘 덜 들이고 맛있게 먹고 싶다

### 시판 제품으로 요리 만들기

나는 시판 제품을 활용해 맛있게 만들기를 잘한다. 힘을 많이 들이기는 싫지만 맛있게 먹고 싶어 잔머리를 잘 굴린다고 할까? 어쩌면 정식으로 요리를 배우지 않아서 가능한 일일 수도 있다. 몰라서 용기 있고, 덕분에 틀에 갇히지 않아 이렇게 저렇게 유연하고 엉뚱하게 하다 보면 내 입에 맛있는 지점을 발견한다. 아주 쉽게는 코스트코 등갈비찜의 살만 발라 채소를 넣고 매콤하게 볶거나(술안주로 최고다!), 인스턴트 돈코츠라멘에 양배추와 숙주를 더해 나가사키짬뽕을 끓이거나, 시판 버섯수프로 버섯파스타를 만든다. 버섯파스타는 친구가 청담동 레스토랑보다 맛있다고 감탄했다.

### 엉뚱하지만 응용력은 좋아

나는 모험심이 있고 엉뚱하다. 어린 시절, 유치원 면접(엄마가 외동딸을 좋은 유치원에 보내고 싶으셨던 모양이다)을 보러 갔는데 "불이 나면 어떡하지요?"라는 질문에 이사 간다고 대답해 생애 처음 낙방을 경험했다. 집에 불이 나서 타버리면 집이 없어지니까 새집으로 가야 한다고 생각한 모양이다. 기억은 나지 않지만 아마도 질문을 받고 궁리하다가 생각이 멀리 가버린 듯하다.

나는 대학원까지 다녔지만 공부를 많이 좋아하지는 않았다. 공부 머리는 그럭저럭인데 언어에는 재능이 있다. 즉, 기억력과 응용력이 좋은 편이다. 음식에도 이런 성향이 적용되어 레스토랑에서 먹어보거나 유튜브, 잡지에서 본 음식을 기억했다가 이렇게 저렇게 해보면서 맛있는 레시피를 찾아내는 게 즐겁다.

## 버섯수프로, 버섯크림파스타

펜네 파스타 2인분, 생표고버섯 2개, 느타리버섯 4개,
시판 버섯크림수프(비피 포르치니 머시룸 소스) 약 1/3통(200g), 우유 1/3컵, 버터 1큰술,
파르메산 치즈·후춧가루 약간씩

**Cooking**

1. 표고는 기둥을 떼어 슬라이스하고, 느타리는 손으로 찢는다.
2. 냄비에 물과 소금 약간을 넣고 끓이다가 펜네를 넣은 후 포장에 적힌 시간보다 2분 정도 덜 삶는다.
3. 달군 팬에 버터를 두르고 ①의 버섯을 볶다가 후춧가루로 간한다.
4. ③의 팬에 삶은 펜네와 버섯크림수프, 우유를 넣어 소스와 면이 어우러지게 익힌다. 그릇에 담은 후 치즈를 갈아 뿌린다.

**Diana's Note**
인스턴트 버섯크림수프를 활용한 파스타예요. 버섯을 더하면 레스토랑 파스타 못지않아요. 버섯수프에 간이 되어 있어 소금 간은 따로 하지 않아요. 이 버섯수프를 닭다리스테이크(73쪽 참조)의 소스로 활용할 수도 있어요.

## 두유면과 연두부로, 콩국수

두유면(풀무원 실키 두유면) 2봉지(150g), 오이 1/2개, 연두부 1팩(250g), 잣 1/2큰술,
통깨 2큰술, 물(또는 두유) 2큰술, 소금 2작은술

**Cooking**

1. 두유면은 포장을 뜯어 물기를 제거하고, 오이는 채 썰어 놓는다.
2. 연두부, 잣, 통깨, 물을 믹서에 넣고 간다. 물이나 두유를 추가해가며 농도를 조절하고 소금으로 간한다.
3. 면을 그릇에 담고 ②의 콩국물을 부은 후 오이를 올려 낸다.

**Diana's Note**
콩국수는 먹고 싶은데 더운 날씨에는 국수 삶기 싫어서 주저하게 돼요. 그래서 곤약면으로 대신했는데 아무래도 아쉬웠지요. 우연히 두유면을 발견한 덕분에 유난히 더웠던 지난여름 콩국수를 즐겁게 해 먹을 수 있었어요. 고명으로 수박이나 토마토를 올려 먹어도 좋아요.

## 월남쌈보다 간편한, 포두부채소말이

포두부 1봉지(100g), 게맛살 1봉지, 파프리카·오이 1개씩
**머스터드 드레싱** 머스터드 3큰술, 꿀(또는 설탕)·식초·레몬즙 2큰술씩, 참기름 1작은술

**Cooking**

1. 게맛살, 파프리카, 오이는 채 썬다.
2. 분량의 재료를 섞어 머스터드 드레싱을 만든다.
3. 포두부에 채소와 게맛살을 올린 뒤 돌돌 만다.
4. 접시에 가지런히 담고 ②의 드레싱을 뿌려 낸다.

### Diana's Note

월남쌈은 물에 담갔다 싸는 번거로움이 있는데 포두부는 바로 사용할 수 있어 간편해요. 쫄깃한 맛도 매력 있고, 무엇보다 칼로리가 낮은 건강식이죠. 피시 소스 드레싱이나 스위트 칠리소스와 매치해도 좋습니다.

**옥수수를 좋아해**

### 사내 식당의 콘푸딩

남편이 새우가 들어간 모든 것을 좋아한다면 나는 옥수수로 만든 수프나 빵, 옥수수 넣은 밥 등 옥수수라면 뭐든 좋아한다. 우리 부부의 인연에도 옥수수가 곁들여 있다. 1978년 말 친구 소개로 만나 데이트할 때 그가 일하던 세계은행 사내 식당에서 점심 뷔페를 먹은 적이 있다. 뷔페 메뉴 중에 콘푸딩이 있었는데 너무 맛있었다. 우리는 둘 다 먹는 것을 좋아하고, 입맛도 비슷해서 만나는 시간이 즐거웠다. 그렇게 만난 지 7개월 만에 결혼했다.

### 나의 시그너처 레시피

이후 남편이 회사를 그만두고 로스쿨에 진학해 신혼 초 우리는 둘 다 학생이 됐다. 그래서 콘푸딩은 물론이고 외식을 할 형편이 안 되어 레시피를 찾아보며 이렇게 저렇게 집밥을 해 먹었다. 콘푸딩 레시피도 그때 개발한 것이다. 캔 옥수수를 활용하고 달걀, 우유를 더해 만든, 비용도 시간도 맛도 가성비 최고인 콘푸딩 레시피는 나의 시그너처 메뉴가 되었다. 크리스마스처럼 모임이 있거나 손님 초대를 할 때면 남편은 항상 콘푸딩을 제안했고, 영국에 사는 조카가 레시피를 받아갔을 정도다. 어쩌면 콘푸딩 덕분에 우리의 인연이 순조롭게 이어졌는지도 모른다. 콘푸딩을 만들어 먹을 때마다 우리의 오랜 추억을 떠올린다.

## 두 가지 캔 옥수수로, 콘푸딩

캔 옥수수 1통, 크림 스타일 캔 옥수수 2통, 달걀 5개, 녹인 버터 1/3컵, 설탕 1/4컵,
옥수수 전분 4큰술, 우유 1/2컵

**Cooking**

1 버터는 전자레인지에 10초 정도 돌려 녹인다.
2 볼에 달걀을 넣고 푼 후 ①의 버터→설탕→옥수수 전분→우유를 넣고 거품기로 섞는다.
3 ②에 두 가지 캔 옥수수를 모두 넣고 섞는다.
4 오븐 용기에 ③을 넣고 200℃로 예열한 오븐에서 40분간 굽는다.
5 윗면이 노릇노릇해지고 젓가락으로 찔러보아 묻어나오는 것이 없으면 꺼낸다.

**Diana's Note**
콘푸딩은 크리스마스나 가족 행사 등 특별한 날, 사람이 많을 때 만들면 좋아요. 비용도 시간도 맛도 가성비 갑인 메뉴예요. 크림 스타일 캔 옥수수(그린자이언트 크림 스타일 스위트콘)가 없으면 일반 캔 옥수수와 시판 콘수프(폰타나 스위트콘 크림수프)를 섞어 쓰세요.

## 추억의 옥수수찐빵 맛, 옥수수머핀

시판 머핀 믹스(페이머스 데이브스 콘 브레드 믹스) 2봉지(425g),
물·우유 2/3컵씩, 달걀 3개, 버터 약간

**Cooking**

1. 볼에 모든 재료를 넣고 잘 섞는다.
2. 머핀 틀에 오일 스프레이를 뿌리거나 버터를 바른 후 ①의 반죽을 머핀 틀의 3분의 2 정도 차도록 담는다.
3. 200℃로 예열한 오븐에서 25분 정도 굽는다.
4. 머핀 틀에서 꺼낸 머핀을 망에 올려 한 김 식힌 후 낸다.

**Diana's Note**
코스트코에서 판매하는 '페이머스 데이브스 콘 브레드 믹스'를 써요. 소포장 1봉지에 6개의 머핀이 나오고, 위의 레시피는 12개 분량이에요. 머핀 틀에 구워도 되고, 옥수수찐빵처럼 커다란 둥근 틀에 구워 잘라내도 돼요. 그럼 추억의 옥수수빵 무드가 나죠. 오븐마다 익는 데 차이가 있으니 20분이 지난 시점부터 빵 색깔을 보면서 시간을 조절하세요.

## 캔 수정과로, 수정과젤리

캔 수정과(비락수정과) 2통, 판 젤라틴 4장, 곶감 1개, 호두 2개

**Cooking**

1. 판 젤라틴은 찬물에 10분간 담갔다가 건져 물기를 꽉 짠다.
2. 캔 수정과 1통을 냄비에 붓고 끓인다. 끓어오르면 불을 끄고 온기가 남아 있을 때 ①의 판 젤라틴을 넣어 녹인다.
3. 나머지 캔 수정과 1통을 ②에 넣고 섞은 후 수정과젤리를 낼 그릇에 담아 냉장고에서 12시간 정도 굳힌다.
4. 곶감에 칼집을 내서 펼치고 꼭지를 뗀 후 호두를 넣고 돌돌 말아 썬다.
5. 냉장 보관한 수정과를 꺼내 곶감말이를 올려 낸다.

**Diana's Note**
곶감말이에 호두 대신 잣이나 크림치즈를 넣고 말아도 돼요.
시간 여유가 있다면 삶은 고구마에 생크림을 섞어서 토핑으로 올려도 맛있답니다.

PART 4

# Signature Recipes

그들로부터 이어온 소중한 음식

스타일 다른 두 분이 알려준 것

### 엄마가 입에 넣어주던 전복회

친정어머니는 멋쟁이였다. 키도 크고, 늘씬해서 어떤 옷을 입어도 옷태가 살았다. 신식 문화를 누리면서도 우리 옛것에 관심이 많으셔서 소반, 반닫이, 이층장을 좋아하셨다. 책이나 공부를 강조하기보다 여행, 음식 등을 통해 직접 맛보고 느낄 기회를 많이 만들어주셨다. 여덟 살 때 시청 앞 어느 스시집에 갔던 기억도 있다. 음식은 제철을 챙겼고, 재료의 맛을 살리며 간단히 조리하셨다. 특히 전복철이 되면 수산시장에서 싱싱한 전복을 한 상자 사오셔서 전복 상자를 풀자마자 싱싱할 때 맛보라며 참기름과 소금을 찍어 회로 내주셨다. 싱크대 옆에 서서 전복을 손질하는 엄마에게서 받아먹던 전복회의 맛은 정말 최고였다. 그다음엔 버터구이로 먹고, 전복찜, 전복죽 순으로 조리했다. 엄마는 손이 커서 전복찜이 남곤 했고, 그러면 그걸로 전복샐러드를 만들어주셨다. 그렇게 일주일 내내 맛있는 전복 요리를 먹었다. 그래서인지 지금도 전복만 보면 엄마 생각이 난다.

### 닭봉튀김 100개 만들던 추억

시어머니는 한식은 물론 중식, 양식, 일식 등 모든 요리를 잘하셨다. 아버님은 주로 집으로 손님 초대를 하셨고, 외국 손님도 많이 오셨는데, 그 당시 구절판과 신선로를 포함하여 한식을 코스로 내셨다. 아마도 한식 코스의 개척자가 아니실까 싶다. 남편 초등학교 시절에는 집에서 햄버그스테이크와 아이스크림을 만들어주셨다는 이야기도 들었다.

결혼 당시 나는 음식을 잘하지 못했다. 어머니는 과일 한 쪽을 낼 때도 정성을 들였고, 음식마다 어울리는 그릇을 골라 상차림에 신경 쓰셨다. 손님상뿐만 아니라 가족의 밥상에도 항상 새로 지은 밥과 새로 만든 반찬을 올리셨다. 그런데 어머니와 세월을 보내며 나도 배우고 닮아갔다.

내가 애용하는 생강 간장도 어머니께 배웠다. 집안 행사 때면 생강 간장 소스 닭봉튀김을 꼭 했다. 1인당 최소 3개 이상은 드시기 때문에 손님 초대할 때 닭봉을 100개 넘게 튀긴 적도 있다. 어머니가 닭봉을 튀기면 나는 옆에서 소스를 무쳤다. 이 닭봉튀김은 식어도 맛있어서 성묘나 피크닉을 갈 때도 빠지지 않았다.

EPISODE 10

## 아스파라거스를 곁들인 전복

전복 4개, 아스파라거스 8개, 생강술(15쪽 참조) 3큰술
**두부 드레싱** 순두부 1모, 잣 1큰술, 설탕(또는 꿀) 1작은술, 레몬즙 2큰술, 굵은소금 1/2작은술,
호스래디시 소스 2큰술, 시판 참깨 드레싱 1/2큰술, 식초 1큰술

**Cooking**

1. 숟가락을 이용해 전복 껍데기와 살을 분리해 씻은 후 전복 윗면에 십자로 칼집을 낸다. 손질한 전복에 생강술을 부어 30분 정도 재운다.
2. 아스파라거스는 끝을 잘라내고 끓는 물에 데쳐 식힌다.
3. 순두부, 잣, 설탕, 레몬즙, 굵은소금을 믹서에 넣고 간 다음 호스래디시 소스, 참깨 드레싱, 식초를 넣고 섞어 두부 드레싱을 만든다.
4. 두꺼운 냄비에 ①의 전복을 넣고 물을 자작하게 부은 후 10~15분 정도 찐다.
5. 접시에 ②의 아스파라거스를 깔고 전복을 올린 후 드레싱을 뿌려 낸다.

**Diana's Note**
전복을 찔 때는 무쇠 냄비처럼 두꺼운 냄비에 찌면 저수분으로도 부드럽게 삶아져요. 이 메뉴는 손님 초대상에 내놓기 좋은데, 하루 전에 전복을 쪄두면 음식 준비 시간을 줄일 수 있어요. 전복을 찌는 대신 버터에 구워 생강 간장(15쪽 참조)을 살짝 둘러도 맛있어요.

## 자꾸 집어 먹게 되는, 생강 간장 소스 닭봉튀김

**(8인분)** 닭봉 60개, 생강술(15쪽 참조) 1컵, 생강 간장(15쪽 참조) 적당량, 감자 전분(또는 찹쌀가루)·식용유 적당량, 통깨 1큰술, 후춧가루 약간

**Cooking**

1. 닭봉은 씻어서 체에 밭쳐 물기를 뺀다.
2. 볼에 닭봉을 담고 생강술과 후춧가루를 뿌려 30분 정도 재워놓는다.
3. ②의 닭봉을 체에 밭쳐 물기를 뺀 후 감자 전분을 묻혀 잘 털어낸 후 160℃의 기름에서 두 번 튀긴다. 나무젓가락을 기름 바닥까지 넣었을 때 기포가 올라오면 적당한 온도다.
4. 튀긴 닭봉에 생강 간장을 골고루 묻힌 후 통깨를 뿌려 낸다.

**Diana's Note**
두 번 튀기면 소스를 묻혀도 바삭함이 오래 가요. 감자 전분 대신 찹쌀가루를 써도 됩니다. 닭봉뿐 아니라 닭날개로 만들어도 돼요.

"할머니! 알려주신 백김치 맛있게 먹고 있어요"

### 옥색 한복에 양산을 쓰시고

우리 외할머니는 신여성이었다. 부유한 집안에서 태어나 딸이지만 교육도 받고 선생님이 되셨다. 풍금도 즐겨 치시며 화려하고 멋진 생활을 좋아하셨다. 할머니 하면 고운 옥색 한복에 양산을 쓴 모습이 떠오른다. 옥색은 할머니가 제일 좋아하는 색깔이었다. 할머니는 옥색을 일본어로 소라이로(そらいろ)라고 말씀하셨다. 은행원인 할아버지와 결혼하셔서 다섯 남매를 낳으셨고, 큰딸인 나의 어머니와 성향과 취향이 잘 맞았다. 음식은 잘 못하셨는데 유일하게 잘하신 것이 백김치였다. 내가 결혼하고 얼마 안 됐을 때 할머니께서 우리 집에 오셔서 백김치 담그는 법을 가르쳐주셨다. 당시 철없던 나는 열심히 배우지도 않고 투덜거리던 기억이 난다. 이제는 남편이 제일 좋아하는 백김치를 담그며 할머니 생각을 많이 한다. "김옥정 여사님, 감사합니다. 할머니가 백김치 알려주셔서 맛있게 담가 먹고 있어요."

## 할머니 레시피를 간단히, 백김치

배추 4kg, 무 3/4개, 당근 1개, 실파 10대, 굵은소금 1컵, 고운소금·설탕 1/2큰술씩
**절임물** 생수 1L, 천일염 1/2컵
**밀가루 풀** 밀가루 3큰술, 생수 1컵
**양념 1** 무 1/4개, 배 2개, 양파 1개, 새우젓 3큰술, 밀가루 풀 1컵, 생수 1L
**양념 2** 다진 마늘 2큰술, 다진 생강 2작은술, 고운소금 3큰술, 생수 1L

**Cooking**

1. 배추는 손질한 후 절임물에 담가놓고 굵은소금 1컵을 골고루 뿌려 6시간 동안 절인다. 절인 배추를 구입해 쓰면 더욱 간단하다.

2. 무와 당근은 채 썰고, 실파는 3cm 길이로 썰어 모두 섞은 후 고운소금과 설탕을 넣고 버무려 김칫소를 만든다.

3. 냄비에 생수 1컵과 밀가루를 넣어 푼 후 은근한 불로 밀가루 풀을 쑨다.

4. 양념 1 재료의 무와 배, 양파는 껍질을 벗기고 대강 자른 후 새우젓, ③의 밀가루 풀, 생수 1L를 넣고 믹서에 간다.

5. 양념 2 재료의 다진 마늘과 다진 생강을 베 보자기에 싸서 생수 1L를 부어가며 내린다. 이것을 ④와 합한 후 고운소금으로 간해 김칫국물을 만든다.

6. ②의 김칫소를 배춧잎 사이사이 줄기 쪽으로 켜켜이 넣고 잘 감싼 다음 김치통에 차곡차곡 담은 후 ⑤의 김칫국물을 부어서 배추가 자작하게 잠기도록 한다.

7. 실온에 2일 정도 두었다가 김치냉장고에 보관한다.

**Diana's Note**
할머니가 알려주신 레시피에는 홍고추도 들어가고 밤·배·목이버섯도 채 썰어 넣어요. 홍고추는 남편이 먹을 때 골라내서 뺐고, 밤·배·목이버섯은 채 써는 데만 종일 걸려서 뺐어요. 그걸 빼고 만들어도 맛있는 백김치예요.

지인들에게 배운 보물 같은 레시피

### 잡지 연재를 하며 알게 된 레시피

14년 전 잡지 <헤렌>에 '패밀리 레시피(Family Recipe)'라는 칼럼을 연재한 적이 있다. 이 책을 함께 만든 부계영 에디터가 담당 기자였고, 정민자 고문이 연재물의 첫 문을 열며 배동치미 레시피를 알려주셨다. 그후로 나는 매년 배동치미를 집에서 만들며 연습하고 또 연습해 레시피를 터득했다. 정 고문은 음식은 물론이고 삶과 생활에서도 기품 있는 전통 한국식과 모던한 멋이 잘 어우러지고, 항상 나와 친구들에게 훌륭한 길잡이가 되는 등대 같은 분이다.

남편 친구의 부인으로 만나서 20년 동안 친하게 지낸 끛순이 언니. 본래 이름은 '화순'인데 꽃순이라는 애칭으로 부른다. 개성이 고향인 언니는 어린 시절부터 다양한 제철 음식을 먹고 자라 안 먹어본 게 없다. 언니에게 배운 개성식 닭국은 칼럼을 연재하며 맛본 음식 중 단연 최고였다. 닭찜과 비슷한데 새우젓과 청양고추를 넣어 닭 특유의 냄새가 나지 않으면서 칼칼하고 시원하다. 꽃순이 언니는 삶을 즐길 줄 알고, 잘하는 음식이 많은 데도 여전히 새로운 음식에 도전한다. 모험심 많은 나보다 더 모험심 많고 용감한 사람이다.

### 호박전에 새우 가루 넣고, 오븐 없이 케이크 만들고

내 주변에는 바쁘게 활동하는 분들이 많은데 신기하게도 다들 음식을 잘한다. 이운경 국제 소롭티미스트 한국 총재는 소외된 여성들을 위한 활동에 열정적이며 무척 바쁜 데도 손님 초대에 온 정성을 다한다. 음식은 물론, 테이블 세팅부터 음악까지 세심하고 완벽하다. 새우 가루를 얹어 굽는 호박전도 그분에게 배웠다.

김천애 언니는 내가 아는 사람 중에 가장 음식을 쉽고 맛있게 하며 푸짐하게 만들어 늘 나누어 먹는다. 언니 집에 초대를 받는 날이면 테이블 세팅부터 메뉴 구성 등 배우는 것이 많다. 레몬치즈케이크는 크러스트를 크래커로 만들어 오븐을 전혀 쓰지 않고 완성된다. 이 레시피를 배워 손님상에 자주 만들어 냈다.

EPISODE

12

## 깨끗하고 깊은 전통의 맛, 배동치미

동치미무(작은 것) 6개, 배 8개, 사과·양파 2개씩, 갓 1단, 쪽파 1/2단, 마늘 10쪽, 생강 1톨,
천일염 2컵, 고운소금 6큰술, 생수 65컵(13L)

**Cooking**

1. 생수 20컵(4L)에 천일염 2컵을 녹인다. 소금과 물의 비율은 1:10이다.
2. 무와 배는 씻어서 껍질째 ①의 소금물에 넣고 3시간에 한 번씩 뒤집어 소금물이 골고루 스며들도록 한다. 최대 24시간 동안 소금물에 절인다. 무를 손가락으로 꾹 눌렀을 때 자국이 남으면 잘 절여진 것이다.
3. 고운소금 6큰술을 중간 불로 볶은 후 식혀서 믹서에 곱게 간다.
4. 생수 45컵(9L)에 ③의 곱게 간 소금을 넣어 동치미 국물을 만든다.
5. 사과와 양파는 세로로 4등분한다. 갓과 쪽파는 씻어두고, 마늘과 생강은 얇게 저민다.
6. 김치통에 비닐봉지를 깔고 갓, 쪽파, 사과, 양파를 깐 다음 ②의 무와 배를 번갈아가며 겹쳐 담은 후 마늘과 생강을 넣는다.
7. ⑥에 ④의 동치미 국물을 부은 후 약간의 공간을 남겨놓고 비닐을 꽉 묶는다.
8. 서늘한 곳에 4~5일 정도 두었다가 기포가 생기면 냉장고에 보관해 4주 후부터 먹는다.
9. 익으면 배와 무의 껍질을 벗기고 썬 후 국물을 자작하게 부어 낸다.

**Diana's Note**
간수를 충분히 뺀 좋은 소금을 사용해야 맛있어요.
배는 11월에 수확한 중간 크기로,
흠집 없이 단단한 것을 골라 담가요.
사이즈가 작아서 그릇에 담으면 소담하고 예뻐요.
무도 동치미무 중에서 큰 것 말고
작은 것으로 골라 쓰세요.

## 꽃순이 언니의 개성식 닭국

닭 1마리, 감자 1개, 애호박·당근 1/2개씩, 대파 1대, 매운 청양고추 1개, 물 500ml,
새우젓·들기름 2큰술씩, 다진 마늘 1작은술, 후춧가루 약간

**Cooking**

1. 닭은 기름기를 떼고 한 입 크기로 잘라 간이 잘 배도록 중간중간 칼집을 넣는다.
2. 감자는 4~6등분하고, 애호박도 감자와 비슷한 크기로 깍둑썰기한다. 당근은 연필 깎듯이 어슷하게 썬다.
3. 대파와 청양고추는 어슷하게 썬다.
4. 달군 팬에 들기름을 두르고 ①의 토막 낸 닭을 볶다가 ②의 감자와 당근을 넣어 볶는다. 물을 자박자박하게 붓고 5분 정도 끓인다.
5. 끓기 시작하면 애호박과 대파, 청양고추, 새우젓, 다진 마늘, 후춧가루를 넣고 5분 정도 더 끓여 완성한다.

**Diana's Note**
이 음식은 쉽게 말해 맑은 닭볶음탕이에요. 청양고추를 넣어 깔끔하고 개운하지요. 국물에 국수를 말아 먹어도 맛있어요.

## 새우 가루 넣은 호박전

애호박 1개, 달걀 2개, 밀가루 1/2컵, 말린 새우 가루 1/4컵, 식용유 적당량, 소금 약간

**Cooking**

1. 애호박은 0.5cm 정도의 두께로 썰어 약간의 소금을 뿌려 5분간 절인 후 종이 타월로 물기를 제거한다.
2. 달걀은 풀어놓고, 밀가루와 새우 가루는 섞어놓는다.
3. ①의 애호박에 새우 가루 섞은 밀가루 → 달걀물 순으로 옷을 입힌 후 기름 두른 팬에서 노릇하게 구워 낸다.

**Diana's Note**
새우와 호박은 서로 잘 어울리는 재료예요. 밀가루에 건새우 가루를 섞어 옷을 입히면 색도 곱고 호박전에 새우의 풍미와 고소함이 더해져서 맛있어요. 간단하게 맛이 좋아지는 요령이지요. 애호박보다 크기가 큰 조선호박을 썰어 부치면 양식에도 잘 어울려요.

## 크래커로 만드는 레몬치즈케이크

판 젤라틴 2장, 물 1.2L, 크림치즈 2통(150g), 플레인 요구르트 2개, 레몬주스 120ml,
달걀노른자 2개, 백설탕 200g, 생크림 500g, 토핑용 과일(딸기·블루베리·키위 등) 적당량
**크러스트** 크래커(제크) 3봉지, 버터 1큰술, 땅콩버터 2큰술
**파이 틀** 지름 9~12cm

**Cooking**

1. 크래커 3봉지를 믹서에 갈아 버터와 땅콩버터를 넣고 섞는다. 파이 틀에 맞추어 꾹꾹 눌러 담은 후 냉동실에 얼린다.
2. 판 젤라틴은 물에 넣어 녹인다.
3. 볼에 크림치즈, 플레인 요구르트, 레몬주스, 달걀노른자를 넣고 잘 섞는다.
4. ③에 설탕을 여러 번 나눠 넣어가며 완전히 녹도록 젓는다.
5. ④에 ②의 젤라틴 녹인 물을 넣고 잘 섞는다.
6. 볼에 생크림을 담고 거품기로 주름이 생기며 모양이 잡힐 때까지 섞으며 거품을 낸다.
7. ⑤에 ⑥의 생크림을 넣고 거품기로 주름이 생기며 모양이 잡힐 때까지 잘 섞는다.
8. 냉동실에서 ①의 크러스트를 꺼내 ⑦의 필링을 올리고 케이크 틀을 바닥에 탁탁 치면서 골고루 펼쳐지도록 한다.
9. ⑧의 케이크를 냉동실에서 24시간 얼렸다 꺼내 딸기, 블루베리 등의 과일로 장식한다.

**Diana's Note**

치즈케이크는 오븐 없이도 만들 수 있어요. 케이크 틀에 크러스트를 깔고 만들어도 되고, 크러스트 없이 디저트 그릇에 굳히는 방법도 있어요.

출장길에, 여행 가서 먹었던 음식을 해보다

### 연꽃처럼 펼쳐지던 도쿄의 김치볼

나는 무엇이든 도전해보는 것을 좋아한다. 음식도 그렇다. 어디서 뭘 먹어보면 이렇게 저렇게 해보고 의문이 안 풀리면 두세 번 가서 먹어보고 또 해본다. 15여 년 전 패션 유통사업을 할 때 도쿄에 자주 갔는데, 그때 김치볼이라는 음식을 처음 접해봤다. 김치로 감싼 주먹만 한 김치볼을 칼로 자르면 그 안의 다양한 내용물이 연꽃처럼 펼쳐졌다. 연어, 참치를 비롯한 생선과 오징어, 가리비, 새우, 채소 등이 들어가 있었다. 집에 와서 속 재료의 가짓수를 줄여 나만의 김치보따리를 만들어봤다. 나는 생선회를 별로 안 좋아해서 오징어, 새우, 오이 정도만 넣었다. 처음 시도했을 때는 덜 익은 김치로 해서, 두 번째는 너무 익은 김치로 해서 실패했다. 그리고 막상 해보니 주먹만 한 크기로 만들기는 쉽지 않아서 롤 형태로 말아보았다. 이 김치보따리는 이제 나의 시그너처 메뉴가 되었다.

### 우리 입맛에 잘 맞는 베트남 샐러드

나는 여행을 가면 호텔의 쿠킹 클래스를 수강하곤 한다. 4년 전 베트남 다낭에 갔을 때도 호텔에서 요리를 배웠는데 다양한 베트남 요리를 접할 수 있어 흥미롭고 유용했다. 그중에서도 양배추에 피시 소스 드레싱을 뿌린 샐러드는 짭짤하고 감칠맛이 감돌아 우리 입맛에 잘 맞았다. 나는 조금 변형해서 알배추와 감귤을 넣어 채소 귀한 겨울철에 샐러드로 즐겨 먹는다. 이렇게 먹어보며 찾아낸 나의 레시피가 누군가의 식탁에 도움이 되기를….

## 일본 식당에서 힌트 얻은, 김치보따리

배추김치 잎 10장, 오징어 1/2마리, 새우(작은 것) 1/2컵, 오이·파프리카 1/2개씩,
청양고추 4개, 잣 2큰술, 통깨 적당량
**초고추장 소스** 고추장·식초·설탕 2큰술씩, 참기름·통깨 1큰술씩

**Cooking**

1. 분량의 재료를 섞어 소스를 만든 후 30분 정도 그대로 둔다.
2. 오징어는 껍질을 벗겨서 데쳐 잘게 자르고, 새우도 살짝 데친다.
3. 오이와 파프리카는 오징어와 비슷한 크기로 썰고, 청양고추는 씨를 빼서 다진다.
4. 볼에 ②, ③의 재료와 잣을 담고 ①의 소스를 넣어 버무린다.
5. 접시에 김치 잎을 펼치고 ④를 올린 다음 양옆을 접어 돌돌 만다.
6. 통깨를 뿌린 후 먹기 좋은 크기로 잘라 먹는다.

**Diana's Note**
잘 익은 김장김치로 만들면 더 맛있어요. 오징어는 반건조 오징어를 써도 되고, 새우는 칵테일 새우를 쓰면 데치지 않고 쓸 수 있어요. 꼭 위의 재료뿐 아니라 남은 회가 있을 때도 응용해보세요. 깻잎, 고수, 시소 같은 향신 채소를 넣어 먹어도 풍미가 좋아요.

## 액젓 드레싱, 알배추과일샐러드

알배추 1/2개, 채 썬 콜라비 1/2컵, 귤·감 3개씩, 땅콩·고수잎 약간씩
**액젓 드레싱** 피시 소스·황설탕 3큰술씩, 라임즙 2큰술, 물 1큰술

**Cooking**

1. 알배추는 한 입 크기로 자르고, 콜라비는 채 썬다.
2. 귤은 껍질을 벗겨 과육만 바르고, 감은 귤과 비슷한 크기로 썬다.
3. 분량의 재료를 섞어 드레싱을 만든다.
4. 볼에 알배추, 귤, 감, 콜라비, 땅콩을 놓고 드레싱을 얹은 후 고수잎을 뿌린다.

**Diana's Note**
이 샐러드는 배추도 단맛이 나고 감귤도 달달하고 상큼해
겨울에 만들어 먹으면 특히 맛있어요. 라임즙 대신 레몬즙을 넣어도
되고, 콜라비가 없으면 무도 괜찮아요.

PART 5

# My Favorites

특별한 날, 챙겨 만드는 음식들

새우라면 다 괜찮아

**버거킹에서도 새우버거를**

남편은 버거킹에서도 새우버거를 주문한다. 친구들 사이에서도 '새우 애호가'로 알려져 식사 모임이 있을 때면 친구들이 메뉴에 새우 요리가 있는지 꼭 확인한다. 남편이 새우를 유독 선호하게 된 사연이 있다. 아기 때 어머니가 젖을 떼려고 새우젓을 활용하는 바람에 새우 트라우마가 생겼고, 중학교 때까지 새우를 입에도 못 댔다고 한다. 그러다가 중학교 시절 야구반을 하며 단체 생활이라 억지로 새우를 먹게 되었다. 그런데 그 무서웠던 새우가 너무너무 맛있었단다. 그 사건을 계기로 '이렇게 맛있는 걸 지금까지 못 먹었다니!'라며 그간 못 먹은 새우까지 다 찾아 먹겠다는 의지를 불태웠다.

**오직 새우만으로 차린 생일상**

나는 결혼 후 첫 남편 생일에 새우만으로 상을 차렸다. 손님 초대 없이 오직 한 사람만을 위한 디너 테이블이었다. 이렇게 한 사연이 있다. 남편 초등학교 시절 생일에 시어머니께서 친구들을 초대해 평소 못 보던 햄버그스테이크와 아이스크림을 만들어주셨다고 한다. 1950년대 일이니 친구들에게도 남편에게도 너무 신기한 메뉴였다. 그런데 친구들은 앞다퉈 신메뉴를 덕었지만 정작 자신은 손님으로 온 친구들 앞에서 체면을 차리느라 맘껏 못 먹었던 것이다. 그 이야기를 듣고 남편이 가장 좋아하는 새우로, 경쟁자 없이 오직 그만을 위한 생일상을 계획했다. 남편은 아직도 내가 차린 그 생일상을 기억하며 고마워한다.

EPISODE
14

## 집들이 선물로도 최고, 새우말이냉채

**(8인분)** 냉동 자숙 새우(중간 크기) 20개, 오이 1개, 배 1/2개,
곤약 국수(풀무원 두부곤약면) 1/2봉지, 잣가루 적당량, 올리브 오일·소금·후춧가루 약간씩
**머스터드 드레싱** 머스터드 3큰술, 꿀(또는 설탕)·식초·레몬즙 2큰술씩, 참기름 1작은술

**Cooking**

1. 해동한 새우의 등에 깊게 칼집을 낸다. 이때 완전히 분리되지 않도록 주의한다.
2. 곤약 국수는 체에 밭쳐 물을 빼고, ①의 새우에 올리브 오일, 소금, 후춧가루를 뿌려 30분 정도 재운다.
3. 분량의 재료를 섞어 머스터드 드레싱을 만든다.
4. 오이와 배를 가늘게 채 썬다.
5. 새우 등 칼집 사이에 오이와 배를 넣고 곤약 국수로 돌돌 만다.
6. 새우 위에 드레싱을 뿌리고 잣가루를 뿌려 낸다.

**Diana's Note**

새우말이냉채는 만들기는 무척 쉬운데 보기에는 엄청난 요리처럼 보여요. 미리 만들어놓았다 먹어도 맛있어서 명절이나 손님 초대상에 내기 좋고, 집들이 갈 때 음식 선물로도 제격이에요. 자숙 새우를 쓸 때는 올리브 오일과 후춧가루로 밑간을 하면 냉동 새우 특유의 맛도 사라지고 식감도 부드러워져요.

## 냉동 새우로, 새우파스타

펜네 파스타 2인분, 냉동 새우(중간 크기) 10마리,
양파 1/2개, 빨강·노랑 파프리카(컬러 상관없음) 1/2개씩, 다진 마늘 1큰술,
올리브 오일·파르메산 치즈 가루 적당량, 소금·후춧가루 약간씩

**Cooking**

1. 냉동 새우는 해동 후 올리브 오일, 소금, 후춧가루를 뿌려 밑간한다.
2. 넉넉한 사이즈의 냄비에 물과 소금을 넣고 끓이다가 펜네를 넣고 포장지에 적힌 시간대로 삶는다.
3. 양파는 가늘게 채 썰고, 파프리카도 채 썬다.
4. 달군 팬에 올리브 오일을 두르고 다진 마늘을 볶다가 ③의 양파를 넣고 볶는다.
5. ④의 팬에 새우와 파프리카를 넣고 볶다가 펜네와 펜네 삶은 면수를 조금 넣고 잘 어우러지게 섞는다.
6. ⑤를 그릇에 담고 파르메산 치즈 가루를 듬뿍 뿌려 낸다.

**Diana's Note**
저희 집 냉동실에는 새우가 상비되어 있어요. 자숙 새우, 생새우를 골고루 사두는데 큰 사이즈는 중식 요리에, 중간 사이즈는 파스타에, 작은 것은 볶음밥에 써요.

## 최애 외식 메뉴의 재현, 등갈비찜

등갈비 16~18조각, 생강술(15쪽 참조) 3큰술, 잣 적당량, 물 1컵
**등갈비 소스** 토마토케첩 3큰술, 시판 바비큐 소스·간장 4큰술씩,
배즙·양파 간 것 4큰술씩, 설탕 2큰술,
다진 마늘·다진 생강 1큰술씩, 멸치 액젓·참기름 1큰술씩

**Cooking**

1  등갈비는 찬물에 20분간 담가 핏물을 빼고 물기를 제거한 다음 생강술에 2시간 재워둔다.
2  분량의 재료를 섞어 소스를 만든다.
3  ①의 등갈비를 체에 밭쳐 물기를 빼고 센불에서 5분간 익힌 후 ②의 소스와 물을 붓고 20분 정도 끓인다.
4  ③의 뚜껑을 닫고 중간 불로 30분간 익힌다.
5  소스가 걸쭉해지면 접시에 담고 잣을 갈아 올린다.

**Diana's Note**
농협 등갈비는 가지런해서 손님상에 내기 좋고,
코스트코 등갈비는 살이 많아 푸짐하게 먹기 좋아요. 저는 등갈비를
넉넉히 사서 센불로 익힌 후 반은 바비큐 소스로 익히고, 반은
김치등갈비찜을 해요. 등갈비는 무쇠솥처럼 바닥이 두꺼운 냄비에서
요리하면 고기도 연해지고 소스도 잘 스며들어 맛있어요.

**치파오를 입고 만두 빚던 부인들**

### 만두 500개 만들던 날

고등학교 3학년 때 우리 가족은 대만에서 살았다. 엄마와 나는 5층 아파트의 3층에 살았는데 1층부터 5층까지 이웃 아주머니들이 한 집에 모여 만두 빚는 날이 있었다. 누구는 만두피를 밀고, 누구는 소를 만들고…. 몇몇은 끊임없이 만두를 빚었다. 거기 모인 사람들 중에 우리만 외국인이었다. 친화력이 월등했던 엄마의 능력으로 나도 그 자리에 동원됐다. 영화 <화양연화>처럼 빨간색 가구와 소품이 많았던 집에서 치파오를 입은 여인들이 등받이가 높은 의자에 앉아 만두를 빚는 장면이 영화 같았다. 빨간 입술에 빨간 매니큐어를 바른 그 집 주인은 긴 손톱으로 마술을 부리듯 능숙하게 만두를 빚었다. 가만히 보니 손톱이 아닌 엄지와 검지의 옆면을 이용한 노련한 손동작으로 만두를 만드는 것이었고, 그 만두는 너무나 예뻤다. 대만도 만두를 이쁘게 빚어야 예쁜 아이를 낳는다는 속설이 있다고 했다.

### 여름에는 호박만두, 겨울에는 새우만두

어릴 때부터 어머니를 도와 만두를 만들었다. 만두소를 동산처럼 쌓아놓고 여러 명이 둘러앉아 몇 시간 동안 만들었다. 미국에서도 만두를 만들었는데, 김치가 귀하니까 대신 양배추를 넣기도 하고, 물밤이나 죽순도 소로 사용했다. 양배추 소는 사각사각 씹히는 맛이 좋다. 서울에 돌아와서 채소만두와 새우만두를 배웠다. 여름에는 호박을 넣고, 겨울에는 주로 새우를 넣고, 김장김치가 남았을 때는 하루 날 잡아서 김치고기만두를 만든다. 만두를 빚어 냉동고에 넣어두면 김장을 끝낸 것처럼 든든하다. 반찬 없을 때 밥 대신 푸짐한 한 끼가 되고, 라면에도 만두 한두 알을 넣으면 차려낸 것 같다. 만두 생각보다 쉽다. 내가 개발한 소를 넣으면 더 간단하다.

EPISODE 15

## 여름에는, 호박만두

찹쌀 만두피 1팩(24장), 애호박 1개, 소금·후춧가루 1작은술씩, 시판 홍식초 약간

**Cooking**

1. 애호박은 둥근 모양을 살려 슬라이스한 후 속을 사각으로 잘라 빼내고 나머지 부분을 채 썬다. 소금, 후춧가루로 간한다.
2. 만두피에 ①의 애호박을 올리고 사방을 잡아 붙여 네모진 주머니 모양으로 빚는다.
3. 끓는 물에 삶은 후 홍식초를 곁들여 낸다.

**Diana's Note**
맹물 대신 닭 육수에 삶으면 더 맛있어요. 식초 대신 시판 홍식초를 찍어 먹으면 깔끔해요.

## 스크램블드에그를 넣은, 폭신한 새우만두

찹쌀 만두피 1팩(24장), 냉동 새우(작은 것) 10~12마리, 냉동 완두콩 1컵, 달걀 5개,
생강술(15쪽 참조) 1큰술, 참기름 1작은술, 소금·후춧가루 적당량

**Cooking**

1. 냉동 새우는 해동해 꼬리를 제거하고 새우살만 다진다.
2. 다진 새우살에 소금과 후춧가루를 1작은술씩 뿌리고 생강술 1큰술을 넣어 10분간 재운다.
3. 완두콩은 해동한 후 소금과 후춧가루를 약간씩 뿌려 둔다.
4. 달걀을 풀어서 소금과 후춧가루로 간해 스크램블드에그로 조리한다.
5. ②의 새우살, ③의 완두콩, ④의 스크램블드에그를 볼에 담은 후 참기름을 넣고 섞어 소를 완성한다.
6. 만두피에 ⑤의 소를 올려 만두를 빚은 후 삶아 낸다.

**Diana's Note**

세 가지 재료를 동량으로 넣는 것이 포인트이고, 달걀이 두부 역할을 해요.
달걀을 스크램블 할 때 부드럽게 익혀야 만두의 식감이 폭신폭신해요. 약간
덜 익힌다는 느낌으로 물기가 살짝 있을 때 불을 끄세요.

## 김치 대신 양배추 넣은, 고기군만두

다진 쇠고기·다진 돼지고기 1컵씩, 두부 2모, 양배추 1/2통, 양파 1개,
대파 2대, 소금·설탕 1큰술씩, 참기름 2큰술, 소금·후춧가루 1작은술씩, 식용유 적당량
**고기 밑간** 간장 2큰술, 다진 마늘·다진 생강 1큰술씩, 소금·후춧가루 1작은술씩

**Cooking**

1. 두부는 소금을 뿌려 체에 올리고 그 위에 접시를 한 장 올려두어 물기를 뺀다.
2. 다진 쇠고기와 다진 돼지고기, 밑간 재료를 모두 잘 섞어 15분 정도 재운다.
3. 양배추는 잘게 썰고, 양파와 대파는 다진다.
4. ③의 양배추에 소금, 설탕을 1큰술씩 넣고 15분 정도 절였다가 면포에 싸서 물기를 짠다.
5. ②의 고기에 ①의 물기 뺀 두부, ③의 양파와 파, ④의 양배추를 넣은 후 참기름, 소금, 후춧가루를 넣고 섞어 소를 만든다.
6. 만두피에 소를 올려 만두를 빚은 후 달군 팬에 기름을 두르고 구워 낸다.

**Diana's Note**
미국에 살 때는 단단한 두부를 포슬포슬하게 으깨서 소로 넣었어요. 대만에 살 때 보니 채반에 두부를 반나절 정도 올려두어 물기를 빼더라고요. 만두 만드는 날 미리 꺼내두면 좋아요. 만두소에 김치를 넣어도 맛있지만 양배추를 넣으면 아삭아삭하고 신선한 맛이 나요. 호박, 버섯, 숙주 등을 살짝 익혀서 더해도 됩니다.

## 대학생 시절 먹었던, 크림치즈만두

찹쌀 만두피 1팩(24장), 크림치즈 300g, 게맛살 6개, 쪽파 5~6줄기,
스위트 칠리소스·식용유 적당량

**Cooking**

1. 게맛살과 쪽파는 다진다.
2. 볼에 ①을 담고 크림치즈를 섞어 소를 만든다.
3. 만두피에 소를 올려 보따리 모양으로 빚는다.
4. 160℃ 기름에 노릇노릇하게 튀긴 후 스위트 칠리소스를 곁들여 낸다.

**Diana's Note**

대학생 시절 바(bar)의 해피 아워(happy hour) 때 맞춰가면 술과 안주를 반값에 먹을 수 있었어요. 당시 안주로 나온 이 만두가 너무 맛있어서 몇 번이나 시켜 먹었던 기억이 나요. 와인이나 맥주 안주로 잘 어울리지요. 만두를 미리 만들어놓고 먹기 직전에 튀겨야 바삭해서 더 맛있어요.

가족 행사, 손님 오는 날 주문 들어오는 메뉴

**미국에서 배운 갈비찜 레시피**

남편이 종손이라 제사를 비롯해 집안 모임이 많다. 미국에 살 때는 워싱턴 DC에 사시던 남편의 외삼촌 댁에서 많은 가족 행사를 치렀다. 외숙모는 직장 생활을 하면서도 큰손님을 쉽게 치르셨고, 새댁인 나에게 여러 가지 레시피를 알려주셨다. 외숙모께 배운 갈비찜을 지금까지 만들고 있다. 사실 갈비찜이 쉬운 요리는 아닌데, 남편은 집안 모임이나 손님 초대를 할 때면 갈비찜을 제안한다. 한번은 손님 수가 많아서 한우 대신 수입 고기로 갈비찜을 했다. 사람들이 모두 맛있다고 먹는데 남편의 젓가락은 한가했다. 우리 부부는 솔직하게도 그 자리에서 수입 고기임을 밝혔고, 다들 한바탕 웃어버렸다. 그래도 참 맛있었다.

**잔칫상에는 오징어오이무침이 필수**

1994년 미국 생활을 정리하고 서울로 돌아온 후로 본격적인 '행사'가 시작되었다. 주말마다 오랜만에 만나는 가족과 친구들을 초대하느라 정신이 없었다. 그때 인기 최고였던 메뉴는 도라지오이무침이었다. 시댁에서 일을 돕던 아주머니께 배운 음식이다. 아주머니는 김치도 잘 담그시고, 닭볶음탕과 오징어무침도 맛있게 만들었다. 오징어의 쫄깃한 식감과 오이의 신선한 맛이 잘 어우러져서 고기, 생선 등 느끼한 음식이 차려진 상에는 새콤달콤한 무침이 꼭 필요했다. 더덕이나 도라지를 같이 넣고 무치기도 하고, 그 양념을 배워서 요리조리 요긴하게 활용했다.

EPISODE 16

## 주문 1순위, 갈비찜

**(8인분)** 갈비(찜용) 16대, 무 1개, 당근 2개, 표고버섯 6~8개,
밤·대추·은행 10개씩, 참기름 1큰술, 후춧가루 약간
**양념장** 저염 만능 간장(15쪽 참조) 1컵, 배즙·아가베 시럽(또는 설탕)·청주 1/2컵씩, 물 3컵,
다진 파 1컵, 다진 마늘 2큰술, 다진 생강 1큰술, 후춧가루 약간

**Cooking**

1 갈비는 찬물에 20분간 담가 핏물을 뺀 후 찬물에 씻어 건져놓는다.

2 갈비를 끓는 물에 10분 정도 삶아 찬물에 씻는다.

3 무와 당근은 한 입 크기로 깍둑썰기한 후 모서리 부분을 돌려 깎는다.

4 표고는 기둥을 떼 슬라이스하고, 대추는 잘 씻는다. 밤은 껍질을 깨끗이 벗기고, 은행도 살짝 볶아 껍질을 깐다.

5 분량의 재료를 섞어 양념장을 만든다.

6 냄비에 ②의 갈비와 양념장, 대추, 표고를 넣고 중간 불에서 30분간 끓인다.

7 ③의 채소와 ④의 밤, 은행을 넣고 약한 불에서 20분간 끓인다.

8 마지막에 참기름을 넣고 후춧가루를 뿌린 후 그릇에 담아낸다.

### Diana's Note

제 갈비찜의 포인트는 저염 만능 간장이에요. 색이 먹음직스럽게 진해도 짜지 않아요. 또 기름기가 많은 갈비를 삶은 후 냉장고에서 차게 식혀 기름을 제거하는 것이 비법이지요. 기름이 하얗게 굳어 제거하기가 수월해요. 근래 지인에게 배운 유용한 팁은 냄비 가운데를 비우고 가장자리로 갈비를 쌓아 조리하는 방법이에요. 간 맞추기도 좋고, 뒤적거리지 않아도 돼서 갈비의 뼈와 살이 분리되지 않아요.

## 고기 먹을 때, 새콤달콤 오징어오이무침

오징어 2마리, 오이 2개, 통깨 1큰술
**양념장** 고추장 1큰술, 고춧가루·멸치 액젓 2큰술씩, 식초 3큰술, 매실청·설탕 2큰술씩,
맛술·다진 마늘 1큰술씩

**Cooking**

1. 오징어는 굵은소금으로 문질러 씻어 껍질을 벗긴 후 반으로 갈라놓는다.
2. ①의 오징어를 끓는 물에 살짝 데쳐 찬물에 식힌 후 한 입 크기로 길쭉하게 자른다.
3. 오이는 오징어와 비슷한 크기로 어슷하게 썬다.
4. 분량의 재료를 섞어 양념장을 만든다.
5. 오징어와 오이에 양념장을 넣어 버무린 후 통깨를 뿌려낸다.

**Diana's Note**
고기, 생선 등 거한 음식 많은 잔치나 집안 행사에 꼭 필요한 메뉴예요. 오징어는 끓는 물에 살짝 데쳐 재빨리 찬물에 식혀야 질기지 않으면서 쫄깃해요. 모든 재료를 준비해두었다가 상에 내기 전에 버무리면 물이 생기지 않아요.

## 생신날이면, 쇠고기뭇국

쇠고기(양지) 300g, 물 1L, 무 1/2개, 양파 1개, 대파 1대, 마늘 5쪽, 다시마(손바닥 사이즈) 2장, 국간장 1큰술, 소금 1/2큰술, 쪽파·달걀지단 약간씩

**Cooking**

1. 쇠고기는 찬물에 담가 30분 정도 핏물을 뺀 후 냄비에 고기를 넣고 물을 잠길 정도로 부은 후 10분 정도 끓여 불순물이 나온 물을 버린다.
2. ①의 냄비에 무, 양파, 대파, 마늘, 다시마, 물 1L를 넣고 30분간 끓인다.
3. ②의 재료를 모두 건져내고 무와 고기만 쓴다. 무는 납작하게 썰고, 고기는 손으로 찢는다. 국물은 따로 준비해둔다.
4. 쪽파는 2cm 길이로 썰고, 달걀지단도 같은 크기로 채썬다.
5. ③의 고기 육수에 국간장과 소금으로 간을 맞추고 썰어 놓은 무와 고기를 넣어 다시 한번 끓인 다음 쪽파와 달걀지단을 올려 낸다.

**Diana's Note**
양지 육수에 무를 넣어 끓이면 시원하고 깊은 맛이 나요.
식구가 적을 때는 육수를 끓여서 냉동해두고 쓰세요. 한우 양지를
사용하고 고기를 손으로 찢어 넣으면 더 먹음직스러워요.

## 알고 보면 간단한, 떡국

가래떡 500g, 쇠고기 200g, 물 1.5L, 국물 팩(가야노야 다시 팩) 1개, 대파 1/2대,
달걀 2개, 국간장 1큰술, 소금 1/2큰술, 구운 김 약간
**밑간 양념** 국간장·참기름·다진 마늘 1/2큰술씩, 소금·후춧가루 약간씩

**Cooking**

1. 떡국용 가래떡은 물로 살짝 헹궈 찬물에 담가놓는다.
2. 쇠고기는 살짝 헹궈 찬물에 10분 정도 담가 핏물을 뺀다. 고기를 잘게 다져 분량의 재료로 만든 밑간 양념을 섞은 다음 팬에 바싹하게 볶는다.
3. 달걀은 풀어서 지단을 부친 후 식혀서 썰고, 김은 손으로 찢는다.
4. 물 1.5L에 국물 팩을 넣고 끓인 후 국간장과 소금으로 간해 육수를 만든다.
5. 냄비에 ④의 육수를 넣고 끓인다. 국물이 끓어오르면 ①의 떡을 넣고 끓이다가 떡이 떠오르면 그릇에 담는다. ②의 볶아놓은 고기와 ③의 달걀지단, 김을 올려 낸다.

**Diana's Note**
떡국은 생각보다 간단한 요리라서 저는 새해뿐 아니라 주말에 라면이나 국수보다 조금 더 영양가 있는 한 끼를 먹고 싶을 때 떡국을 끓여요. 평소에는 지단을 부치지 않고 국물에 달걀을 풀어 먹는데 이때는 불을 끈 후 파를 섞은 달걀물을 돌려가며 넣어야 거품이 생기지 않아 국물이 깔끔해요. 가래떡은 방앗간이나 떡집에서 파는 떡이 더 맛있답니다.

PART 6

# Something Special

메인이 되는 일품요리

내 요리의 흑역사, 김치와 잡채

### 불고기 양념에서 간장만 빼봐

신혼 시절 친구한테 전화해서 김치 양념을 어떻게 만드느냐고 물었더니 "불고기 양념에서 간장만 빼봐"라고 했다. 그렇게 참기름을 두른, 샐러드도 김치도 아닌 내 생애 첫 김치가 완성되었고 길이길이 내 요리의 흑역사로 남았다. 그 후로도 흑역사는 이어졌다. 역시 신혼 때, 큰맘먹고 만든 음식이 잡채였는데 당면을 너무 푹 삶아서 떡이 되어버린 것이다. "이거 제목이 뭐야?" "잡채." 이후 잡채 만들기에 성공했는데도 지금까지도 "오늘 잡채 할까?"라고 말하면 남편은 늘 곤란한 표정을 짓는다. 반기는 사람이 없으니 나도 재미가 없어서, 이제는 당면 없는 잡채를 만든다.

### 우엉잡채로 명예를 회복하다

한동안 잡채를 만들지 않았는데 우연히 강원도의 한 시골 식당에 갔다가 우엉과 여러 가지 채소를 볶아서 만든 우엉잡채를 맛보았다. 너무 맛있어 집에 와서 만들어보기 시작했다. 내가 워낙 우엉을 좋아하기도 해서 우엉 철이면 밥 지을 때 우엉을 어슷하게 썰어 얹어 우엉밥을 지어 먹곤 한다. 우엉잡채는 가족 반응도 좋아 손님 초대상에 빠지지 않는 메뉴가 되었다. 우리 부부는 오래전 암 수술을 한 이후 건강한 먹거리에 더욱 신경을 쓰기 시작했다. 이 메뉴를 자주 해 먹는 이유이기도 하다.

## 가을의 맛, 우엉잡채

우엉 1대, 생표고버섯 6개, 양파·당근 1개씩,
노랑·빨강·초록 파프리카 1/2개씩, 달걀 2개, 저염 만능 간장(15쪽 참조)·들기름 2큰술씩,
설탕·다진 마늘 2작은술씩, 생강즙·소금·후춧가루·통깨 약간씩

**Cooking**

1. 우엉은 껍질을 벗기고 길게 채 썬 후 식촛물에 담가 갈변을 막는다.
2. 표고는 기둥을 떼어 슬라이스하고, 양파는 채 썬다.
3. 당근과 파프리카는 우엉과 비슷한 길이와 두께로 자른다.
4. 달걀은 노른자, 흰자를 분리해 푼다. 달군 팬에 기름을 둘러 닦아낸 후 약한 불에서 노른자, 흰자로 각각 지단을 부친 다음 식혀서 채 썬다.
5. 달군 팬에 기름을 두르지 않은 채로 ①의 우엉을 건져 넣고 볶다가 저염 간장, 들기름, 설탕, 다진 마늘, 생강즙을 넣고 2~3분간 볶는다.
6. 팬에서 우엉을 꺼낸 후 ②, ③의 표고와 채소를 넣고 소금, 후춧가루로 간해 볶는다.
7. 큰 볼에 볶은 채소와 우엉, 달걀지단을 넣고 잘 섞은 다음 모자란 간을 맞춘 후 통깨를 뿌려 낸다.

**Diana's Note**
우엉잡채의 채소는 기름을 두르지 않고 살짝 볶아 아삭한 식감을 살려요. 그리고 달걀지단과 당근은 생략해도 돼요. 저도 어려운 손님 오실 때 갖춰서 만들고, 열에 아홉 번은 빼고 해요. 우엉, 표고버섯, 양파를 기본으로 하고 컬러 포인트가 되는 파프리카 한 가지 정도만 넣으면 충분하답니다. 우엉을 채칼로 썰면 만들기가 수월해요.

## 옛날식 불고기

쇠고기(불고깃감) 300g, 양파 1개, 표고버섯 4개, 느타리버섯 8개, 대파 1대,
통깨 1큰술, 생강술(15쪽 참조) 2큰술, 아가베 시럽 1큰술
**양념장** 저염 만능 간장(15쪽 참조) 3큰술, 국간장·배즙·물 2큰술씩,
매실청·참기름 1큰술씩, 다진 마늘 1큰술

**Cooking**

1. 고기는 찬물에 5분 정도 담가 핏물을 뺀 후 종이 타월로 물기를 제거한 다음 생강술과 아가베 시럽을 넣고 5분 정도 재운다.
2. 분량의 재료를 섞어 양념장을 만든 후 ①의 고기를 넣고 20분 정도 재운다.
3. 양파는 채 썰고, 표고는 슬라이스한다. 느타리는 먹기 좋게 찢어놓고, 파는 어슷하게 썬다.
4. 팬에 고기를 올려 센불로 굽다가 ③의 채소를 넣고 수분이 나오도록 익힌 후 통깨를 뿌려 낸다.

**Diana's Note**
채소를 듬뿍 넣은 옛날식 불고기는 국물이 넉넉해서 고기도 촉촉하고 국물에 밥을 비벼 먹어도 꿀맛이에요. 특히 버섯 철에는 다양한 버섯을 듬뿍 넣으면 버섯 향이 어우러져 맛이 더욱 풍성해집니다. 불고기가 남으면 불고기덮밥을 해드세요.

## 외국 손님 오실 때, 너비아니

쇠고기(채끝 등심) 300g, 잣 약간
**양념** 간장·배즙 3큰술씩, 다진 파 1 1/2큰술, 맛술·참기름 1큰술씩,
설탕·깨소금 1큰술씩, 후춧가루 약간

**Cooking**

1 등심은 1cm 두께로 도톰하게 썰어 종이 타월로 핏물을 제거한 후 양념이 잘 배도록 사선으로 칼집을 넣는다.
2 분량의 재료를 섞어 양념을 만든 후 ①의 등심을 넣고 30~1시간 정도 재운다.
3 ②의 고기를 달군 팬에 중간 불로 굽다가 마지막에 센불로 올려 굽는다. 잣을 갈아 뿌려 마무리한다.

**Diana's Note**

너비아니는 외국분들이 특히 좋아해요. 고기를 중간 불로 익히다가 마지막에 센불에 구우면 수분기가 사라져 음식이 깔끔하고 양념도 잘 스며들어 맛있어요. 저는 음식에 잣을 갈아 올리는 것을 좋아해요. 간단한 토핑으로 음식이 정성스럽고 품격 있어 보여요.

## 시행착오 끝에 찾아낸, 보쌈과 쌈장

삼겹살(보쌈용) 600g, 물 2L, 청주 5큰술,
된장·멸치 액젓 2큰술씩, 양파 1개, 대파 2대, 마늘 5~6쪽, 저민 생강 3개,
월계수잎 3~4장, 인스턴트 블랙 커피 2큰술, 통후추 10알, 쌈 채소 적당량
**쌈장** 고추장 1/4컵, 미소 된장 1/2컵, 다진 마늘 2큰술,
설탕·참기름 2큰술씩, 견과류 적당량
**젓국장** 새우젓 3큰술, 물 2큰술, 참기름 1큰술,
고춧가루·다진 마늘 1/2큰술씩, 다진 쪽파 1큰술, 통깨 약간

**Cooking**

1. 돼지고기는 찬물에 30분 정도 담가 핏물을 뺀다.
2. 큰 냄비에 물과 모든 향신 재료를 넣고 끓기 시작하면 ①의 돼지고기를 넣는다.
3. 센불에서 10분간 끓이다가 중간 불에서 뚜껑을 덮고 40분간 푹 익힌다.
4. 불을 끄고 15분 정도 뜸을 들인 후 먹기 좋은 크기로 썰어 접시에 담는다.
5. 분량의 각 재료를 섞어 쌈장과 젓국장을 만들고 쌈 채소와 함께 곁들여 낸다.

**Diana's Note**

한국에 돌아와서 삼겹살의 맛을 알아가면서 집에서 돼지고기 수육을 만들기 시작했어요. 여러 차례 시행착오를 겪으면서 적당한 기름이 있는 통삼겹이 더 맛있다는 것과 맛있게 삶아지는 시간, 향신 재료 등을 알아갔어요. 쌈장도 고추장에 일본 미소 된장을 섞으면 훨씬 맛이 부드러워요.

냉장고에서  생선  말리기

**구이도 찜도 꾸덕꾸덕하게 말려서**

내가 제일 좋아하는 생선은 가자미다. 봄에 알 밴 가자미를 사서 1~2일 바람에 말렸다가 구워 먹으면 쫄깃해서 더 맛있다. 전에는 그늘진 야외에 망을 씌워 말렸다가 요즘에는 냉장고에서 말리는 방법을 터득했다. 접시에 종이 타월을 깔고 생선을 올려 하룻밤 두는 것. 냉장고 내에서 냉기가 순환하면서 건조가 잘 되는 것 같다. 공동주택에 사는 경우가 대부분이라 바람이 드문 집이 많은데, 이 방법을 알아두면 요긴하다. 뚜껑을 덮지 않아야 건조가 잘 되고, 다행히 냉장고에 냄새가 배지는 않는다. 가자미구이뿐 아니라 다른 생선구이, 생선찜을 할 때도 이 과정을 거치면 훨씬 맛있다.

EPISODE

18

## 생강 간장 소스 가자미구이

가자미(중간 사이즈) 2마리, 밀가루 4큰술,
식용유 2큰술, 파채·달걀지단·실고추 약간씩, 소금·후춧가루 약간씩
소스 생강 간장(15쪽 참조) 4큰술, 물 2큰술

**Cooking**

1. 가자미는 채반에 받쳐 바람이 통하는 곳에서 하루 정도 말리거나 접시에 종이 타월을 깔고 올린 후 냉장고에 하룻밤 둔다.
2. 가자미에 십자로 칼집을 2~3군데 낸 후 소금, 후춧가루를 뿌려 30분 정도 둔다.
3. ②의 가자미에 밀가루를 묻힌 후 달군 팬에 기름을 두르고 중간 불로 양면을 노릇하게 굽는다.
4. ③이 거의 익었을 때 분량의 재료로 만든 소스를 섞어 팬에 붓는다. 센불로 올려 소스 농도가 진해질 때까지 조린 후 접시에 담고 파채, 채 썬 달걀지단, 실고추를 올린다.

**Diana's Note**
구운 생선에 생강 간장을 바르면 은은한 생강 맛이 생선 비린내를 잡아주고 맛도 특별해져요. 혹시 생선구이가 남으면 살만 발라서 밥 위에 얹고 양파장아찌 등을 함께 얹어 덮밥으로 먹어보는 것도 좋아요.

## 센불로 볶아 마무리하는, 제육볶음

돼지고기(등심) 600g, 양파 2개, 당근 1개, 빨강·초록 파프리카 1/2개씩(생략 가능),
대파 1대, 생강술(15쪽 참조) 적당량, 식용유 적당량
**소스** 고추장·고춧가루 2큰술씩, 저염 만능 간장(15쪽 참조)·맛술·생강술 2큰술씩,
아가베 시럽·다진 마늘 2큰술씩, 꿀·멸치 액젓 1큰술씩

**Cooking**

1. 돼지고기는 생강술에 30분 정도 재운 후 물기를 제거한다.
2. 양파와 당근, 파프리카는 채 썰고, 대파는 3cm 길이로 자른다.
3. 분량의 재료를 섞어 소스를 만든다.
4. ①의 돼지고기에 ③의 소스를 발라 1시간 정도 재운다.
5. 달군 팬에 식용유를 두르고 ④의 돼지고기를 볶다가 익으면 ②의 채소를 넣고 볶는다.
6. 마지막에 센불로 올려 수분이 날아가도록 볶은 후 그릇에 담는다.

**Diana's Note**
저는 대체로 설탕 대신 아가베 시럽을 써요.
아가베 시럽이 없다면 조청도 괜찮습니다. 돼지고기를 볶을 때는 마지막에 센불에서 바싹 볶아야 '바싹불고기' 같은 질감이 나요.

PART 7

# My Staples

든든한 밑반찬

**2~3주간 반찬 걱정이 사라진다**

### 라면, 비빔밥, 우동, 덮밥에 올린다

일본 라멘 먹을 때 얹어주는 반숙란. 반숙달걀장 한 통 만들어놓으면 우동, 라면, 비빔밥, 비빔국수, 덮밥에 올려 먹기 좋다. 봉지 라면 하나 끓여도 반숙란 하나 올리면 근사해지고, 반찬 없을 때 달걀장에 김만 있어도 충분한 한 끼가 된다. 내 입맛에는 일본식 간장달걀이 약간 비려서 채소와 레몬을 넣어 만든다.

### 비슷한 양념으로 만들기

미국에 살 때 처음엔 밑반찬을 만들어 먹는 것이 부담스러웠다. 그래서 김치나 샐러드만 만들고 반찬은 주로 사서 먹었다. 그런데 사서 먹는 반찬이 짜고 달아서 별로 좋지 않았다. 몇 가지 반찬을 배웠고 그중에 세 가지 조림을 자주 해 먹었다. 간장 베이스의 비슷한 양념에 재료만 연근, 땅콩, 멸치 등으로 바꿔서 넉넉히 만들어놓으면 2~3주 동안 반찬 걱정이 없었다.

### 마늘은 안 넣어도 맛있다

한국인은 모든 요리에 마늘을 넣고, 중국인은 모든 요리에 생강을 넣는다고 말할 수 있을 정도로 우리는 음식에 마늘을 기본 양념으로 쓴다. 그런데 어떤 음식은 마늘을 넣었을 때 쓴맛이 올라오기도 한다. 특히 나는 멸치볶음처럼 두고 먹는 조림 반찬에는 마늘을 넣지 않는다. 멸치볶음에 마늘을 넣으면 바로 먹을 때는 괜찮은데 냉장고에 며칠 두면 전내가 난다.

EPISODE 19

## 찜기에 쪄서 매끈한, 반숙달걀장

달걀 8개, 양파 1/2개, 빨강·노랑 파프리카 1/4개씩, 대파 3대, 레몬 1/2개
소스 물 250ml, 저염 만능 간장(15쪽 참조) 250ml, 아가베 시럽 6큰술, 꿀·맛술 1큰술씩,
레몬즙 1/2큰술, 참깨 2큰술

**Cooking**

1. 냄비에 찜기를 올리고 물이 끓으면 달걀을 넣어 7분간 찐다. 찐 달걀은 얼음물에 10분 정도 담갔다가 껍질을 벗긴다.
2. 양파, 파프리카, 대파는 다지고, 레몬은 슬라이스한다.
3. 볼에 분량의 소스 재료를 넣어 섞은 후 ②의 다진 채소에 넣고 골고루 섞는다.
4. 보관 용기에 ①의 달걀을 담고 슬라이스한 레몬과 ③을 붓는다.
5. 24시간 냉장 보관 후 먹는다.

**Diana's Note**

달걀은 꼭 찜기에 쪄서 넣으세요. 완벽한 반숙이 되고 달걀노른자도 중앙에 자리해서 예뻐요. 무엇보다 껍데기가 매끈하게 벗겨져요. 아가베 시럽이 없으면 조청으로 대신해도 되고, 설탕도 괜찮습니다.

## 쫀득쫀득하고 진한 맛, 연근조림

연근 2개, 참기름 1큰술, 통깨 2큰술
**양념** 저염 만능 간장(15쪽 참조) 1/3컵, 맛술 1/4컵, 조청(또는 설탕) 1/4컵, 물 1/3컵

**Cooking**

1. 연근은 필러로 껍질을 벗긴 후 1~2cm 정도 두께로 썰어 끓는 물에 3분간 데친 다음 체에 밭친다.
2. 분량의 재료를 섞어 양념을 만든다.
3. 달군 팬에 ①의 연근과 ②의 양념을 넣고 중간 불로 10분 정도 볶는다. 양념이 끈적해지면 불을 끄고 참기름과 통깨를 뿌려 완성한다.

## 살캉살캉 땅콩조림

생땅콩 2컵, 참기름 1큰술, 통깨 2큰술
**양념** 맛술 1/3컵, 설탕 1/3컵, 저염 만능 간장(15쪽 참조) 1/2컵

**Cooking**

1. 생땅콩은 찬물에 씻어 물에 담가 2시간 정도 불린다.
2. 분량의 재료를 섞어 양념을 만든다.
3. 냄비에 물을 넉넉히 붓고 ①의 땅콩을 넣어 거품을 제거하면서 5분 정도 삶는다. 살캉하게 익으면 찬물에 헹궈 물기를 뺀다.
4. 냄비에 ②의 양념을 넣고 끓이다가 ③의 땅콩을 넣고 양념이 땅콩에 어우러지도록 조린다.
5. ④에 참기름을 살짝 두른 후 마지막으로 통깨를 뿌려 완성한다.

**Diana's Note**

연근을 살짝 데쳐서 조리면 쫀득한 식감을 내기 쉬워요. 껍질을 벗겨 슬라이스한 손질 연근을 쓰면 과정이 더 간단해지죠. 저는 요즘 손질 연근을 쓰곤 해요.

**Diana's Note**

땅콩은 삶으면서 거품을 떠내야 떫은맛이 가셔요. 이때 살캉거릴 정도로만 삶아야 아삭한 땅콩조림이 되고요. 지난여름 평창 진부 오일장에서 크기가 작은 토종 땅콩을 사서 땅콩조림을 했는데 고소하고 맛있었어요. 토종 땅콩이 보이면 구입해보세요.

## 마늘 안 넣은 멸치볶음

잔멸치 2컵, 슬라이스 아몬드 1컵, 식용유 2큰술, 통깨 1큰술
**양념** 맛술·설탕 3큰술씩, 간장 1작은술

**Cooking**

1 분량의 재료를 섞어 양념을 만든다.
2 달군 팬에 아몬드를 넣고 노릇노릇해질 때까지 볶은 후 꺼낸다.
3 달군 팬에 기름을 두르고 멸치를 넣어 센불로 재빨리 볶다가 ①의 양념을 넣고 끓으면 약한 불로 줄인다.
4 ③에 아몬드를 넣고 양념이 어우러지도록 섞어가며 볶다가 마지막에 통깨를 뿌린다.

**Diana's Note**
슬라이스 아몬드는 코스트코 제품을 써요. 기름에 멸치를 볶을 때는 센불에 재빨리 볶고 양념장에 볶을 때는 양념이 잘 스미도록 약한 불에서 볶아요. 왜 그랬는지 기억이 나지 않지만 언제부턴가 마늘은 안 넣고 만들었어요. 마늘을 넣고 만들면 며칠 지나니 맛이 덜했던 것 같아요. 저는 며칠 두고 먹을 반찬에는 마늘과 파를 넣지 않아요. 특히 파는 생으로 넣으면 산화되어 반찬이 쉽게 쉬더라고요.

## 어린 시절 최애 반찬, 장조림

쇠고기(양지) 400g, 대파 1대, 양파 1개, 마늘 16쪽, 통깨 약간
간장 소스 밑국물(46쪽 참조) 3컵(600ml), 저염 만능 간장(15쪽 참조) 1 1/2컵(300ml),
국간장·생강술(15쪽 참조)·맛술 3/4컵씩, 설탕 1컵, 아가베 시럽(또는 꿀) 1/2컵

**Cooking**

1. 고기는 30분 동안 찬물에 담가 핏물을 뺀다.
2. 끓는 물에 고기를 넣고 센불에서 5분간 삶은 후 건진다.
3. 분량의 재료를 섞어 소스를 만든다.
4. 냄비에 ②의 고기와 소스, 대파, 마늘, 양파를 통으로 넣고 끓인다. 끓어오르면 중간 불로 줄여 40분간 익힌 후 향신 채소는 건져낸다.
5. 고기가 익으면 한 김 식혀서 먹기 좋게 찢은 후 장조림 국물을 살짝 얹고 통깨를 뿌려 낸다.

**Diana's Note**
양지 부위를 쓰면 기름기가 적어 따로 기름 제거를 하지 않아도 되고 결이 있어 손으로 찢기도 편해요. 장조림 소스에 메추리알이나 완숙 달걀, 꽈리고추, 버섯 등을 넣어 10분 정도 익혀 곁들여 먹어도 맛있어요. 저는 장조림 국물을 양념장으로 사용해 달걀밥도 해 먹고, 떡국 끓일 때 고명으로 장조림 고기를 찢어 올리기도 해요.

### 양념장 숙성해서 만드는, 진미채

진미채 2컵, 사과·배 1/2개씩, 통깨 1큰술
**양념** 고운 고춧가루·굵은 고춧가루 4큰술씩, 매실청·다진 마늘 3큰술씩, 멸치 액젓 1큰술

**Cooking**

1 진미채는 먹기 좋은 길이로 자른다.
2 사과와 배는 갈아둔다.
3 분량의 재료를 섞어 양념을 만든 후 ②의 사과, 배 간 것을 섞는다.
4 진미채에 ③을 골고루 버무린 후 통깨를 뿌려 낸다.

**Diana's Note**
진미채 양념은 넉넉하게 만들어 냉장고에 보관했다가 쓰면 숙성되어 더 맛있어요. 양념만 만들어두면 바로 만들 수 있는 반찬이지요. 저는 꼬들꼬들한 식감을 워낙 좋아해서 무말랭이와 함께 무치곤 해요.

봄, 여름, 가을, 겨울 채소장아찌를 만든다

### 어떤 채소로도 할 수 있다

장아찌는 양파, 마늘, 오이, 마늘종, 양배추뿐 아니라 오크라, 그린빈(껍질콩), 고추, 깻잎, 당근, 콜리플라워 등 뭐든 된다. 모두 같은 절임물로 만든다. 양배추, 당근, 콜리플라워 등도 따로 데치지 않고 생으로 담근다. 나는 보관 용기에 채소를 손질해 담고 절임물을 3분의 2 정도만 붓는다. 재료의 숨이 죽고, 채소에서 수분이 나오기 때문이다. 이렇게 하면 채소장아찌는 짜지 않으면서 채소 맛이 어우러져 더 맛있다.

### 간장장아찌를 주로 만드는 이유

내가 간장장아찌만 하는 이유는 쉬워서다. 양념의 비율을 맞추기 쉽고, 실패 확률이 적으며, 맛도 대체로 일정하다. 고추장·된장장아찌를 만들려면 여분의 장이 있어야 하고, 재료를 박아 넣은 후 석 달은 지나야 맛이 밴다. 게다가 시판 된장, 고추장은 달아서 장아찌를 하기에 적당치 않다. 소금장아찌는 비율을 맞추기 어려워서 세 번에 한 번은 실패한다. 싱거우면 '꽃'이 피거나 여차하면 짜게 된다.

### 가을은 장아찌가 애매해

장아찌를 담기 가장 애매한 때가 가을이다. 연근, 우엉 정도가 전부라서 지난 계절에 담가둔 마늘종장아찌를 가을에 주로 먹는다. 겨울에는 콜라비, 무로 담근다. 대부분의 채소로 장아찌를 만들 수 있지만 무르고 물이 많은 종류, 예를 들어 파프리카와 오이고추 같은 것들은 적당하지 않다. 고추는 매콤한 고추로 담가야 맛있는데, 우리 가족은 매운맛을 싫어해서 고추장아찌는 잘 담그지 않는다. 반면 셀러리는 평소에는 그다지 좋아하지 않지만 다른 채소장아찌를 만들 때 조금 넣으면 향이 은근해져서 부담 없이 매력적이다.

EPISODE

20

## 각종 장아찌

절임물(간장·설탕·물·식초 3컵씩)

### 채소 손질

**양파** 봄에는 작은 사이즈의 햇양파를 쓰는데 껍질만 벗겨서 통으로 담근다. 11월에 나오는 강원도 대관령 양파로 장아찌를 담가도 맛있다. 이 양파는 사과처럼 아삭하고 맵지 않다. 봄 양파보다는 커서 사각으로 썰어 담근다. 단, 여름 양파는 물이 많아 물러져서 적당하지 않다.
**오이** 가늘고 작은 피클용 오이를 쓴다. 씻어서 통으로 담근다. 꼭지는 떼지 않아도 된다.
**마늘** 껍질을 벗기고 꼭지 부분만 잘라낸 후 통으로 담근다.
**풋마늘대, 마늘종** 씻어서 4~5cm 정도로 잘라 담근다.
**콜리플라워** 꽃송이와 가는 줄기만 자른 후 씻어서 담근다. 데치지 않고 생으로 쓴다.
**콜라비, 무, 당근** 껍질을 벗기고 새끼손가락 길이로 길쭉하게 잘라 담근다.

**Cooking**

1. 손질한 채소를 보관 용기에 담는다.
2. 냄비에 간장, 설탕, 물을 넣고 팔팔 끓으면 마지막에 식초를 넣은 후 불을 꺼 절임물을 만든다.
3. ①에 ②의 절임물을 뜨거운 상태 그대로 붓는다.
4. 식으면 냉장 보관해 2~3일 후부터 먹는다. 6개월에서 1년 정도 두고 먹을 수 있다.

**Diana's Note**
장아찌는 제철 채소로 담그는 것이 중요해요. 가격도 저렴하고 채소도 제철이 제일 맛있으니까요. 특히 오이나 마늘종은 햇것이 아닌 것으로 만들면 쓴맛이 나요.

## 일석이조, 통마늘장아찌

통마늘 20개, 시판 고추장(청정원 순창 태양초찰고추장) 1통(500g), 매실청 3큰술

**Cooking**

1. 고추장에 매실청을 넣고 잘 섞는다.
2. 마늘의 껍질을 까고 꼭지를 잘라 고추장에 박은 후 냉장고에 보관한다.

**Diana's Note**

마늘장아찌 고추장에는 매실청 맛과 마늘 맛이 은근히 배어 초고추장을 만들 때나 무침 할 때, 고추장찌개 만들 때 등에 두루 쓸 수 있어요. 물론 마늘은 밑반찬으로 먹을 수 있고요.

## 마늘채, 생강채 넣은 깻잎장아찌

깻잎 3단, 마늘 5쪽, 생강 3~5톨(마늘과 비슷한 양)
**양념** 고운 고춧가루·굵은 고춧가루 2큰술씩, 매실청·멸치 액젓 2큰술씩, 통깨 3큰술

**Cooking**

1. 깻잎은 식촛물에 15분 정도 담갔다가 물기를 털어 채반에 올려둔다.
2. 마늘과 생강은 껍질을 벗겨 가늘게 채 썬다.
3. 분량의 재료를 섞어 양념을 만든다. 깻잎에 양념을 조금씩 끼얹으면서 5~6장마다 마늘채, 생강채를 얹는다.
4. 보관 용기에 깻잎을 차곡차곡 쌓아 김치냉장고에 보관한다.

**Diana's Note**
깻잎 물기를 털 때 샐러드 스피너를 사용하면 간편하고 물기가 완벽하게 가셔져요. 깻잎장아찌는 3개월 정도 두고 먹을 수 있어요. 굵은 고춧가루, 가는 고춧가루를 섞으면 깊은 맛이 나고 양념도 잘 배어요.

PART 8

# Very
# Very
# Easy
# Kimchi

같은 양념으로 만드는 김치

마흔, 태어나서 처음으로 김장을 경험하다

### 150포기의 배추가 마당에 내려지던 날

나는 자라면서 친정어머니가 김장하는 장면을 본 기억이 없다. 우리 집 식탁에는 주로 백김치가 올라왔고, 내가 총각김치를 좋아해서 그것을 주로 먹었다. 결혼 후 미국에 살다가 서울로 돌아온 첫해 겨울, 시어머니와 김장 준비를 하면서 넓고 넓은 '김치의 세계'에 눈을 떴다. 150포기의 배추가 마당에 내려졌고, 집안 여자들이 모여 장장 사흘에 걸쳐 소금물을 만들어 배추를 절이고, 절인 배추를 씻어 물기를 빼고, 김칫소와 양념을 준비했다. 시어머니는 배추김치, 보쌈김치, 알타리김치, 깍두기 등 무려 여섯 가지 김치를 장만했다. 그때만 해도 김치가 식탁의 보물임을 몰랐던 나는 '누가 먹는다고 이 고생을 사서 하지' 싶기도 했다. 그러면서도 한편으로는 왁자한 시간이 즐겁기도 했다.

### 그때는 김치의 소중함을 몰랐다

김장을 거듭할수록 집에서 담근 김장김치의 가치와 소중함을 조금씩 알게 됐다. 아무리 맛있다고 소문난 시판용 배추김치도 희한하게 묵은김치가 되면 집김치처럼 맛있지가 않다. 묵은김치. 그것은 살림 밑천이다. 김치찌개, 김치찜, 김치볶음 등. 먹을 게 아무것도 없을 때 묵은김치만 있으면 맛있는 한 끼가 차려진다. 올해는 김장하지 말까 싶다가도 이 맛에 자꾸 일을 벌인다.

### 내 입에 맞는 김치를 찾았다

남편은 이북식으로 슴슴하고 시원한 김치를 선호하고 매운 김치를 못 먹는다. 나도 젓갈과 고춧가루 양념이 강한 김치는 조금 부담스럽다. 친구들은 이것저것 넣고 적당히 만들면 된다고 했지만 '적당히'는 음식에 감이 있는 사람에게나 통하는 말이다. 그래서 쉰 살이 넘었을 때 '당근이 정말 싫어' 선생님의 요리책을 사서 공부했다. 물 대신 채소 우린 물을 넣는 것을 배웠는데, 심심한 맛의 김치가 우리 부부의 입맛에 맞았다. 지금도 그때 배운 대로 하고 있다.

## 채수 넣고 담그는 배추김치

절임 배추 10kg, 무 2개, 쪽파 3단, 미나리 2단, 갓 2단
**채수** 물 4L, 사과·양파 2개씩, 대파 2대, 다시마(손바닥 크기) 6조각, 구기자 2큰술
**찹쌀 풀** 찹쌀가루 1컵, 채수 5컵
**김치 양념** 고춧가루 8컵, 채수 6컵, 사과즙·양파즙 3컵씩,
다진 새우젓·멸치 액젓 2컵씩, 다진 마늘 1컵, 다진 생강 2큰술, 무즙 1/2컵

**Cooking**

1. 사과, 양파는 대강 썬다. 냄비에 분량의 채수 재료를 모두 넣고 센불에서 끓인다. 물이 끓어오르면 약한 불로 줄인 후 1시간 정도 끓인 다음 체에 밭쳐 국물만 받는다.
2. 분량의 찹쌀 풀 재료를 섞어 걸쭉하고 투명해질 때까지 끓인 후 식혀 찹쌀 풀을 만든다.
3. 무 1개는 채 썰고, 나머지 1개는 반달 모양으로 큼직하게 썬다. 쪽파, 미나리, 갓은 2~3cm 길이로 썬다.
4. 분량의 김치 양념 재료를 모두 섞은 후 ②의 찹쌀 풀과 ③의 재료를 버무려 김칫소를 만든다.
5. 배춧잎 사이사이에 ④의 김칫소를 골고루 바른 후 김치통에 담는다. 배추김치 틈새마다 ③의 큼직하게 썬 무를 넣는다.
6. 실온에서 하루 숙성 후 김치냉장고에 보관한다.

**Diana's Note**

채수를 쓰면 김치가 시원하고 빨리 쉬지 않아요. 김치 특유의 쿰쿰한 맛이 전혀 나지 않죠. 오래 두고 먹는 김치에는 입자가 곱고 묽은 찹쌀 풀이나 밀가루 풀을 쒀서 넣지만 여름에는 편하게 하려고 찬밥을 갈아 넣어요. 찬밥을 활용하면 쉽기도 하고 끈끈해서 양념도 더 잘 붙어요.

## 무 맛있을 때, 깍두기

무 2개, 설탕·소금 2큰술씩
만능 김치 양념(16쪽 참조) 1컵

**Cooking**

1. 무는 깨끗이 씻어 한 입 크기로 썬다. 동량의 설탕과 소금을 무에 뿌려 20분간 절인 후 씻어서 물기를 제거한다.
2. 김치 양념에 무를 넣고 잘 버무린다.
3. 하루 정도 실온에서 익힌 후 김치냉장고에 보관한다.

**Diana's Note**
김장 때 만드는 깍두기에는 파와 갓을 넣어요. 깍두기는 무가 맛있는 계절에 담가야 맛있어요. 즉, 여름에는 만들지 않지요.

## 양념에 버무리면 끝, 파김치

쪽파 2단, 만능 김치 양념(16쪽 참조) 2컵

**Cooking**

1. 쪽파는 다듬어 씻은 후 물기를 제거한다.
2. 쪽파에 김치 양념을 골고루 발라 김치통에 차곡차곡 담는다.
3. 실온에 하루 정도 두었다가 김치냉장고에 보관한다.

**Diana's Note**

2000년부터 '김장 독립'을 해서 스무 번 넘게 김장을 했는데 파김치는 한 번도 만들지 않았어요. 그런데 입맛이 변했는지 최근에 파김치가 맛있어져서 요즘은 종종 만들곤 해요. 파김치는 양념을 넉넉하게 발라야 맛있어요. 파에 비해 많다 싶을 정도로 양념의 양을 넉넉히 잡으세요.

만능 양념으로 모든 김치를 만들다

### 김장김치 나눠주는 사람이 되다

이제 요령이 생겨서 나는 같은 양념으로 배추김치, 총각김치, 깍두기도 만들고 파, 오이, 토마토, 양배추 등 뭐든 버무려 김치를 만든다. 나만의 요령을 터득했지만 여전히 김장을 하고 나면 기진맥진해진다. 그럼에도 불구하고 김장 날을 잡으면 싱글들, 사촌, 시누이 등 주변 사람들이 생각나 조금 더 담가 한 통씩 나누고 싶어진다. 그래서 김치통 들고 와서 각자 자기 김치 넣어가라고 공지를 한다. 김장이 만만치 않은 일이라 "올해는 안 할 거야" 선언을 하고도 맛있는 거 먹으면 또 생각이 나서 "올해까지만" 한 것이 벌써 10년째다. 마흔 살에 김장하는 걸 처음 본 내가 이렇게 되다니, 나도 믿기지 않는다. 물론 시어머니 계실 때에 비하면 배추도 절인 것을 사다 쓰고 김치양도 엄청 줄었지만 말이다.

### 내가 원정 김치 파티를 갈 줄이야

찬 바람이 불면 미국에서도 김치 때문에 나를 찾는다. '올해는 김치 파티 언제 하니?"라며 가을이 오기도 전에 스케줄을 체크한다. 미국 원정 김치 파티를 두 번 했다. 친구네 집으로 김치 버무리는 '김장 매트'와 햇고춧가루를 보내두고 미국으로 날아간다. 사람들이 모여 무 썰고, 양념 버무리고, 푸짐하게 먹는 김장 문화를 경험한 친구들은 너무들 좋아했다. 미국 친구 메리는 김치 파티할 때 파도 다듬고 마늘도 까고, 사촌 동생은 캐나다에서 LA까지 김치 파티에 참석하러 온다. 나는 한국에서 김장할 때처럼 돼지고기를 삶고 버슷국을 끓인다. 미국에 사는 친구들 입맛에도 절인 배추에 싸 먹는 수육은 별미인가 보다. 별 모양 깍두기가 탄생한 사건도 있었다. 무를 썰어 시범을 보인 후 사이즈는 원하는 대로 조정하라는 설명을 '원하는 모양'으로 이해하고 창의적으로 썰어버린 것. 집에서 김치를 먹으며 친구 수진이의 별 모양 깍두기가 나올 때마다 모두 즐거웠던 기억이 떠올랐다고 하니 꼭 모양이 중요한 것은 아닌 듯하다.

EPISODE
22

## 씨를 제거하고 버무리는 오이김치

오이 10개, 생수 10컵, 굵은소금 2/3컵, 양파 1개, 쪽파 1/2단
만능 김치 양념(16쪽 참조) 1/2컵

**Cooking**

1. 오이는 3cm 길이로 썰어 세로로 4등분한 후 씨를 제거한다.
2. 생수에 굵은소금을 풀어 소금물을 만든 후 ①의 오이를 30분 정도 절인 후 체에 받쳐 물기를 뺀다.
3. 오이가 절여지는 동안 양파는 채 썰고, 쪽파는 1cm 길이로 송송 썬다.
4. 김치 양념에 ③의 채소를 넣고 ②의 오이를 넣어 버무린다.
5. 실온에 하루 정도 두었다가 냉장 보관한 후 2~3일 지난 다음부터 먹는다.

**Diana's Note**
오이의 씨 부분을 제거하면 오래 두고 먹을 수 있어요.

## 양식 먹을 때, 그린토마토김치

그린 토마토(작고 단단한 것) 8~10개, 다진 양파 1/2개 , 다진 쪽파 1/2단
**양념** 엑스트라 버진 올리브 오일 1/2컵, 발사믹 식초 5큰술, 꿀(또는 설탕) 3큰술,
고추가루 2큰술, 다진 마늘·다진 생강 1큰술씩, 소금 2작은술

**Cooking**

1. 토마토는 꼭지를 제거한 후 도마에 올려 6~8등분이 되도록 칼집을 낸다.
2. 양파와 쪽파는 다진다.
3. 분량의 양념 재료를 섞은 후 ②의 채소를 넣고 버무린다.
4. ①의 토마토에 ③의 양념을 채운 후 실온에 1시간 정도 두었다가 냉장 보관한다.

**Diana's Note**

토마토김치는 작고 단단하면서 새콤한 맛이 나는 그린 토마토로 만들어야 맛도 잘 배고 식감도 좋아요. 완숙 토마토는 물렁해서 만들어놓으면 지저분해요. 바비큐나 스테이크 먹을 때 곁들이면 좋고, 파스타에도 잘 어울려요. 토마토김치는 만들어서 바로 먹을 수 있고, 냉장고에서 일주일 정도 보관 가능해요.

## 여름에는 더 쉽게, 양배추김치

양배추 1통, 물 2컵, 양파 2개, 쪽파 1/2단, 만능 김치 양념(16쪽 참조) 1컵

**Cooking**

1. 양배추와 양파는 한 입 크기로 네모나게 썰고, 쪽파는 1cm 길이로 썬다.
2. 볼에 양배추와 양파, 쪽파를 담고 김치 양념을 넣어 버무린다.
3. 밀폐 용기에 담아 실온에 하루 정도 두었다가 냉장 보관한다.

**Diana's Note**
양배추는 깨끗이 씻어야 해요. 잎을 낱낱이 떼서 물에 씻은 후 식촛물에 담가 잠시두었다가 건져서 물기를 털어냅니다. 양배추김치를 담글 때 양배추를 절이지 않고 만들면 식감이 아삭아삭하고 양배추에서 물이 나와 샐러드 느낌이 나면서 좀 더 시원해요. 절여서 하면 조금 더 익은 맛이 나고요.

PART 9

# Enjoy Your Weekend

주말을 위한 한 그릇 음식

씹는 맛이 좋아

### 깍두기를 넉넉히 만드는 이유

김치볶음밥을 좋아하는데 그중에서도 깍두기볶음밥이 나의 '최애' 볶음밥이다. 고기를 먹고 난 후 느끼함을 꽉 잡아주는 것도, 해외여행에서 돌아왔을 때 나를 회복시켜주는 매직 메뉴도 이 깍두기볶음밥이다 김장 때 깍두기를 넉넉히 만드는 이유도 깍두기볶음밥에 신 깍두기와 김칫국물이 꼭 필요하기 때문이다. 깍두기를 만들기 시작한 것은 미국의 식재료 상황 덕분(?)이었다. 미국에 있을 당시 배추김치가 귀하고 있더라도 한국 배추와 달라서 김치가 익으면 물컹해졌다. 그래서 나는 재료 구하기도 쉽고 만들기도 수월한 깍두기를 주로 담갔다.

### 누룽지 만들듯 눌러가며

나는 볶음밥을 할 때 누룽지 만들듯 밥을 팬에 눌러가며 볶는다. 깍두기볶음밥뿐 아니라 모든 볶음밥을 그렇게 한다. 재료를 볶다가 밥을 넣고 섞은 후 불을 줄여 5분 이상 천천히 눌러가며 뒤집다가 마지막에는 펴서 눌러둔 다음 잠깐 '딴짓'하고 온다. 그러면 노릇노릇하고 고소한 볶음밥이 완성돼 있다. 어쩌면 이것도 약간 눌어붙은 '씹는 맛'을 좋아하는 나의 취향일지도 모르겠다. 나는 물컹한 식감을 안 좋아해서 오징어무침에도 무말랭이를 넣어 꼬들꼬들한 맛을 즐기고, 사과카레라이스에도 사과를 맨 마지막에 넣어 사각사각한 맛을 살린다. 그래서 사람들이 없어서 못 먹는다는 그 귀한 우니에도 시큰둥하다. 사람마다 입맛도 취향도 다 다르니 다행이다. 그래서 생활이, 삶이 재밌는 것이 아닐까.

EPISODE 23

## 스팸을 포크로 눌러서, 깍두기볶음밥

즉석 밥 2개, 굵게 다진 깍두기·다진 파 1/2컵씩, 스팸 1캔(200g), 김칫국물 3큰술,
참기름 1큰술, 식용유 적당량, 통깨 약간

**Cooking**

1. 깍두기는 사방 0.5cm 정도 크기로 굵게 다진다.
2. 스팸은 가늘게 다지거나 도마 위에 올려 포크로 으깬다.
3. 달군 팬에 기름을 두르고 다진 파를 넣은 후 약한 불에서 색이 변할 때까지 볶아 파기름을 낸다.
4. ③에 ①의 깍두기와 ②의 스팸을 넣고 볶다가 불을 끄고 김칫국물과 밥을 넣어 비빈다.
5. 밥이 잘 섞이면 중간 불로 올린 다음 주걱으로 누르며 펴고 뒤집으면서 물기가 거의 없어지도록 볶는다.
6. 마지막에 참기름을 넣고 통깨를 뿌려 그릇에 담아낸다.

**Diana's Note**
밥과 김칫국물을 넣은 다음 불을 끄고 비비는 것이 포인트예요.
불을 켠 상태에서 비비면 쉽게 타거든요. 새콤하게 잘 익은 깍두기나
김장김치, 섞박지 등으로 만들면 맛이 개운해요. 취향에 따라 달걀프라이를
올리거나 달걀지단을 올려 먹어도 좋아요. 달걀지단은 치즈를 듬뿍 뿌린 듯
수북이 올려야 맛있더라고요.

## 아삭아삭 사과가 씹히는, 사과카레라이스

밥 2공기, 사과·당근·양파 1개씩, 감자·새송이버섯 2개씩, 애호박 1/2개,
버터 1작은술, 고형 카레 110g(2인분 분량)

**Cooking**

1. 사과와 당근, 양파, 감자는 모두 껍질을 벗기고 사방 1.5~2cm 정도로 깍둑썰기한다.
2. 새송이버섯은 기둥을 떼고, 애호박은 껍질째 ①의 재료들과 같은 형태로 썬다.
3. 냄비에 버터를 두르고 사과를 제외한 모든 채소와 버섯을 넣어 볶는다.
4. ③에 재료가 잠길 정도로 물을 붓고 끓인다. 끓기 시작하면 고형 카레를 넣어 잘 푼 다음 15분 정도 걸쭉해지도록 끓인 후 사과를 넣고 뚜껑을 덮어 10분 정도 잔열로 익힌다.
5. 그릇에 밥을 담고 카레를 곁들여 낸다.

**Diana's Note**

저는 사과를 잔열로 익혀 아삭한 식감을 살리는데, 카레를 푼 후 사과를 넣고 함께 끓여도 돼요. 청사과(아오리)를 넣으면 새콤달콤한 맛이 더욱 매력적이지요. 채소는 꼭 레시피의 재료대로 하지 않아도 돼요. 새우, 돼지고기, 쇠고기, 완두콩 등 취향에 따라 재료를 추가하세요.

## 카레라이스보다 묽게, 카레우동

시판 우동면(풀무원 우동사리면) 2인분, 쇠고기(불고깃감) 100g, 양파 1/2개, 쪽파 1줄기, 식용유 적당량, 버터 1큰술, 물 2컵, 카레 가루 15g

**Cooking**

1. 고기와 양파는 우동면과 비슷한 굵기로 채 썬다. 쪽파는 송송 썬다.
2. 끓는 물에 우동면을 데친 후 찬물에 헹궈 물기를 뺀다.
3. 달군 팬에 기름을 두르고 ①의 고기와 양파를 볶다가 버터를 넣는다.
4. ③에 물을 넣고 끓기 시작하면 카레 가루를 넣고 저어가며 끓인다.
5. ④에 ②의 우동면을 넣고 국물이 걸쭉해지면 그릇에 담아 쪽파를 올려 낸다.

**Diana's Note**

카레우동은 카레라이스보다 물의 양을 1.5~2배 정도 많이 잡아야 우동면을 넣었을 때 뻑뻑하지 않아요. 고형 카레보다 카레 가루를 쓰는 것도 같은 이유죠. 마지막에 우유 1큰술을 추가하면 맛이 더욱 부드러워져요. 쇠고기 대신 닭고기, 돼지고기, 새우를 넣어도 됩니다.

## 빵가루에 치즈 가루 섞어서, 돈가스

돼지고기(돈가스용) 8장, 생강술(15쪽 참조) 5큰술, 파르메산 치즈 가루·빵가루 1컵씩, 파슬리 가루 1큰술, 달걀 1개, 식용유 적당량

**Cooking**

1. 돼지고기에 비닐 랩을 덮은 후 나무 망치로 두드려 얇고 넓게 편다.
2. ①의 돼지고기에 생강술을 자작하게 뿌려 30분 정도 재운다.
3. 파르메산 치즈 가루와 빵가루를 동량으로 섞은 후 파슬리 가루 1큰술을 넣고 잘 섞는다.
4. 달걀은 잘 풀어둔다.
5. ②의 돼지고기를 ④의 달걀물에 담갔다가 ③의 빵가루를 골고루 묻힌다.
6. 180℃의 기름에 노릇하게 튀겨 꺼낸 다음 망에 올려 기름을 뺀다.

**Diana's Note**

이 레시피는 뉴욕에 사는 효의 이모님과 요하네스 이모부님이 자주 만들어주셨던 돈가스예요. 직접 빵을 갈아 만든 빵가루가 정말 고소하고 촉촉했던 기억이 나요. 빵가루에 치즈와 파슬리 가루를 넣으면 튀겼을 때 풍미가 좋고 색도 예뻐요.

## 시판 소스와 케첩을 섞어서, 햄버그스테이크

다진 쇠고기·다진 돼지고기 3컵씩,
시판 스테이크 시즈닝(맥코믹 몬트리올 스테이크 시즈닝) 2큰술, 양파 2개,
빵가루 2컵, 우유 1컵, 달걀 2개, 식용유·소금·후춧가루 약간씩
**스테이크 소스** 시판 데미글라스 소스(하인즈 데미글라스 소스) 1캔,
토마토케첩 2큰술, 물 1/2컵

**Cooking**

1. 다진 쇠고기와 돼지고기에 스테이크 시즈닝을 넣어 섞은 후 30분 동안 재워놓는다.
2. 양파는 다지고, 빵가루에는 우유를 부어둔다.
3. ②의 빵가루가 촉촉하게 젖으면 달걀 2개를 풀어 넣고 잘 섞는다.
4. 다진 양파를 ①의 다진 고기에 넣고 잘 섞은 후 ③의 빵가루와 소금, 후춧가루를 섞는다.
5. 반죽을 손바닥만 한 크기로 떼서 여러 번 두드려 공기를 빼가며 동글납작한 패티를 만든다.
6. 냄비에 데미글라스 소스, 케첩, 물을 넣고 끓여 소스를 만든다.
7. 달군 팬에 기름을 두르고 ⑤의 패티 겉이 갈색이 되도록 중간 불로 굽는다. ⑥의 소스를 부은 후 뚜껑을 덮고 10분간 익혀 완성한다.

**Diana's Note**
패티를 많이 두드리며 만들면 공기가 빠져서 구울 때 부스러지지 않아요. 데미글라스 소스에는 케첩과 물을 넣고 조금 끓여야 일본 스타일의 소스 맛이 나지요. 비법은 마지막에 뚜껑을 덮고 익히는 것이에요. 이렇게 해야 소스가 패티에 잘 배고 식감도 부드러워요. 여기에 달걀프라이를 한 장 더해도 좋아요.

## 기름에 볶아서, 궁중떡볶이

쌀떡 500g, 참기름 2큰술, 설탕 2작은술, 쇠고기(불고깃감) 100g,
양배추 1/4통, 생강술(15쪽 참조) 약간,
양파 1/2개, 당근 1/4개, 생표고버섯 4~5개, 대파 1대,
깻잎 10장, 밑국물(46쪽 참조) 1/2컵, 통깨·후춧가루 약간씩

**Cooking**

1 떡볶이 떡은 손으로 하나씩 뜯어 볼에 담고 참기름과 설탕을 버무려 밑간한다. 고기는 종이타월로 핏물을 거둔 후 생강술을 뿌린다.
2 양배추는 한 입 크기로 썰고, 양파는 가늘게 채 썬다. 당근은 반달 모양으로 썰고, 표고는 기둥을 떼고 슬라이스한다.
3 대파는 어슷하게 썰고, 깻잎은 말아 접어 채 썬다.
4 기름 두른 팬에 쌀떡을 넣고 노릇하게 볶다가 밑국물을 붓는다.
5 ④에 ①의 고기와 ②의 재료를 모두 넣고 볶는다.
6 떡이 말랑하게 익으면 깻잎, 대파, 후춧가루를 넣어 어우러지게 섞은 후 통깨를 뿌려 낸다.

**Diana's Note**

떡을 기름에 먼저 볶으면 떡이 쉽게 퍼지지 않고 쫀득쫀득해요.
파와 깻잎은 맨 마지막에 섞는 정도로 넣어야 향도 진하고 색도 고와요.

## 시아버지께서 좋아하시던 타코

타코 셸 8개, 쇠고기 간 것 200g, 양파 1개, 양상추 1/4개,
타코 시즈닝 믹스 가루(맥코믹 타코 시즈닝) 1팩, 타코 소스(토스티토스 살사 소스) 4큰술,
물 1/2컵, 올리브 오일 1큰술, 멕시칸 치즈 적당량

**Cooking**

1. 양파는 채 썰고, 양상추도 잘게 채 썬다.
2. 달군 팬에 올리브 오일을 두르고, 양파와 쇠고기 간 것을 볶다가 타코 시즈닝 믹스 가루, 타코 소스, 물을 넣고 중간 불에서 10분 정도 끓인다.
3. 타코 셸에 ②를 넣고 ①의 양상추를 올린다. 그 위에 멕시칸 치즈를 올려 낸다.

**Diana's Note**
쇠고기 대신 닭고기, 돼지고기, 새우 등으로 대체할 수 있고, 고기 없이 셀러리, 파프리카, 옥수수, 콩, 감자를 넣어 만들어도 돼요. 로스트 치킨이나 프라이드치킨의 살을 발라 만들어도 쉽고 맛있어요. 저는 고기를 넣을 때도 호랑이콩을 함께 넣곤 해요.

"간단히 국수나 삶아 먹자고요?"

### 우동과 수제비를 먹고 자라다

자랄 때 국수를 먹은 기억이 거의 없다. 친정 식구들은 국수보다는 수제비나 우동을 좋아했다. 집에서 잔치국수, 비빔국수를 먹어본 것은 결혼 후다. 식구가 많은 시댁에서는 잔치국수를 한 번 삶으면 5~6명이 푸짐하게 먹었다. 지금 생각해보니 친정은 식구가 단출해 잔치국수를 삶아도 '잔치' 무드가 안 났을 것 같다. 우동과 수제비를 먹고 자란 나지만 나이가 드니 비가 오거나 날이 쌀쌀해지면 잔치국수가 먹고 싶어진다. 요즘엔 개운한 양념의 비빔국수를 더 좋아하게 되었지만 말이다.

### 국수 고명도 김치가 최고

"간단히 국수나 삶아 먹자"는 말과 달리 잔치국수는 가볍게 만들 수 있는 메뉴가 아니다. 면 삶는 것부터 고기, 애호박, 달걀지단까지 고명에 얼마나 손이 많이 가는지 모른다. 살림을 하면서 내 나름대로 잔치국수를 쉽고 맛있게 하는 방법을 터득했다. 애호박 볶고, 달걀지단 부칠 거 없이 다진 김치만 올려도 맛있다. 김치를 볶을 필요도 없다. 볶은 김치를 넣으면 오히려 기름이 떠서 국물이 지저분하다. 비빔국수에는 동치미 무를 썰어 올리면 깔끔하면서 시원한 맛이 난다. 국수 삶을 것도 없이 라면을 삶아서 갖은 채소를 넣는 '간단한 국수'도 즐겨 먹는다.

EPISODE

24

## 1분 덜 삶아서, 잔치국수

소면 2인분, 쇠고기(불고깃감) 50g, 저염 만능 간장(15쪽 참조) 1작은술,
설탕 1작은술, 참기름 1/2작은술, 애호박 1/2개, 당근 1/4개, 달걀 2개, 식용유·소금 약간씩
**육수** 국물 팩(가야노야 다시 팩) 2개, 물 1L, 후춧가루 1/2작은술, 소금 2꼬집
**양념장** 국간장 1큰술, 진간장 1큰술,
다진 대파 1큰술, 다진 마늘·고춧가루 1/2큰술씩, 다진 청양고추 1작은술

**Cooking**

1. 냄비에 국물 팩을 넣고 중간 불로 끓인다. 국물이 끓어오르면 국물 팩을 건져내고 후춧가루와 소금으로 간한다.
2. 쇠고기는 간장, 설탕, 참기름으로 밑간해두었다가 팬에 고슬고슬하게 굽는다.
3. 애호박과 당근은 채 썰어 볶아 소금 간한다.
4. 달걀은 지단을 부쳐서 식힌 다음 채 썬다.
5. 넉넉한 사이즈의 냄비에 소면을 삶아 찬물에 헹군 후 그릇에 담는다.
6. ⑤의 소면에 ①의 육수를 붓고 ②, ③, ④의 고명을 얹는다. 분량의 재료로 만든 양념장을 곁들여 낸다.

**Diana's Note**

소면은 뜨거운 육수를 붓기 때문에 1분 정도 덜 삶아도 돼요.
애호박, 달걀지단을 생략하고 다진 김치만 올려도 맛있고요. 이때 김치는 볶지 않고 그대로 올려야 기름이 뜨지 않아 더 개운해요. 고명으로 불고기 남은 것을 올려도 좋아요.

## 1분 더 삶아서, 비빔국수

소면 2인분, 오이 1/2개, 다진 김치 4큰술, 달걀지단(또는 삶은 달걀) 1개분
**양념장** 고추장 2큰술, 고춧가루·설탕 1큰술씩, 식초 2큰술, 멸치 액젓·매실청 1큰술씩,
다진 마늘·참기름·통깨 1큰술씩

**Cooking**

1. 달걀은 지단을 만들어 채 썰어놓는다.
2. 오이는 채 썰고, 김치는 다진다.
3. 분량의 재료를 섞어 양념장을 만든다.
4. 큰 냄비에 소면을 삶는다. 비빔국수는 1분 정도 더 삶아 찬물에 비벼가며 헹궈 체에 밭친다.
5. ④의 국수를 볼에 담고 ③의 양념장으로 비빈 다음 그릇에 담는다. ①의 달걀지단, ②의 오이와 김치를 올려 낸다.

**Diana's Note**
이탤리언 셰프가 파스타를 삶을 땐 '파스타 댄싱'이 되도록 하라고 설명한 것을 들은 적이 있어요. 넉넉한 사이즈의 냄비에 삶아야 넉넉한 공간에서 국수 가락이 춤추듯 움직이며 맛있게 삶아져요. 소면을 삶을 때도 냄비 사이즈가 넉넉해야 면발이 맛있어요.

## 라면을 차게 먹으면, 냉라면

라면(사리면) 2개
**토핑 재료** 오이·양파·동치미무·슬라이스 햄·게맛살·달걀지단 등 적당량
**양념장** 저염 만능 간장(15쪽 참조)·식초·설탕 2큰술씩, 참기름·물 2큰술씩

**Cooking**

1. 분량의 재료를 섞어 양념장을 만든다.
2. 오이, 양파, 동치미무는 슬라이스하고, 게맛살은 손으로 찢는다. 슬라이스 햄과 달걀지단은 채 썬다.
3. 면은 삶은 후 얼음물에 담갔다가 체에 밭쳐서 물기를 뺀다.
4. 그릇에 ③의 면을 담고 ②의 토핑 재료를 올린 다음 양념장을 곁들여 낸다.

**Diana's Note**
어떻게 하면 라면을 조금 더 건강하게 먹어볼까 하다가 개발한 메뉴예요. 라면은 면발이 가는 사리면이 좋고, 토핑도 꼭 제안한 대로 하기보다 취향과 재료 상황에 맞춰 올리면 돼요. 저는 양파장아찌나 마늘장아찌의 국물을 넣기도 하고, 들기름을 둘러 비벼 먹기도 해요.

## 시판 소스에 재료 더해서, 라구파스타

리가토니 파스타 2인분, 다진 쇠고기 100g,
시판 라구 소스(코스트코 라구 트래디셔널 소스) 2컵, 양파 1개, 당근 1/2개, 셀러리 2줄기,
다진 마늘 2큰술, 파르메산 치즈 가루 1/2컵, 올리브 오일 적당량, 소금 약간

**Cooking**

1. 양파, 당근, 셀러리는 잘게 다진다.
2. 웍에 기름을 두르고 다진 쇠고기와 ①의 다진 채소를 넣고 볶다가 라구 소스를 넣고 중간 불로 20분 정도 끓인다.
3. 넉넉한 사이즈의 냄비에 물과 소금 약간을 넣고 끓이다가 리가토니를 넣고 포장지에 쓰인 시간대로 삶는다.
4. ③의 리가토니를 건져 ②에 넣고 저어가며 소스가 잘 어우러지도록 한다.
5. 접시에 담고 파르메산 치즈 가루를 뿌려 낸다.

**Diana's Note**
저는 시판 소스에 재료를 더 첨가한 레시피를 즐겨 써요. 소스부터 만들기는 시간이 걸리고, 간혹 덜 맛있게 되기도 해서 시판 소스를 베이스로 하고 주재료를 첨가해 맛을 업그레이드하는 거지요.

## 간장 소스로, 버섯파스타

스파게티 면 2인분, 베이컨 4줄, 껍질콩 한 줌, 만가닥버섯 100g,
마늘 2쪽, 버터 1큰술, 저염 만능 간장(15쪽 참조) 2큰술, 면수 1컵, 파르메산 치즈 가루 3큰술,
올리브 오일·소금·후춧가루 약간씩

**Cooking**

1. 넉넉한 사이즈의 냄비에 물과 소금을 넣고 끓이다가 스파게티를 넣고 포장지에 쓰인 것보다 1분 정도 덜 삶아 알덴테로 익힌다. 스파게티 삶은 물 1컵을 따로 준비해 둔다.

2. 베이컨은 2cm 폭으로 썰고, 껍질콩은 반으로 자른다. 버섯은 손으로 뜯어놓고, 마늘은 얇게 저민다.

3. 팬에 베이컨과 마늘을 넣어 베이컨은 바싹해지고 마늘은 갈색이 될 때까지 볶는다.

4. ③에 올리브 오일을 살짝 두른 후 버섯과 껍질콩을 넣고 볶다가 후춧가루를 뿌린다.

5. ④에 삶은 스파게티를 넣은 후 버터, 저염 간장, ①의 면수를 넣고 잘 어우러지게 섞는다.

6. 접시에 담고 파르메산 치즈 가루를 뿌린다.

**Diana's Note**
스파게티는 팬에서 다시 한번 소스에 볶기 때문에 알덴테로 삶아야 완성했을 때 익은 정도가 적당해요. 저염 간장은 염도가 낮고 색도 진하지 않아 간장 파스타를 만들면 맛있고 먹음직스러워요.

PART 10

# Something Sweets

선물이 되는 디저트와 티

테이블에 올리면 디저트, 포장하면 음식 선물

**잼, 있는 과일을 모조리 넣어!**

겨울이면 유자, 모과, 대추, 생강으로 차를 담가 먹기도 하고 선물을 하기도 한다. 해가 바뀌어 담근 차가 남으면 디저트나 잼을 만든다. 남은 유자차는 물을 넣고 갈아 유자셔벗을 만들거나 유자차에 귤, 레몬 등 시트러스 계열의 과일을 넣고 잼을 만든다. 잼은 선물을 하면 언제나 환영받는 품목이다.

로스앤젤레스에 살 때 사촌 샌디와 한나가 생일 선물로 '잼 쿠킹 클래스'를 신청해줬다. 선생님은 '스퀄(Sqirl)'의 잼 메이커로 유명한 분이셨는데 이분의 잼 만들기 포인트는 "있는 과일을 다 집어넣어"였다. "모조리 넣으라고?" 흥미로웠다. 딸기잼에 다양한 과일을 더하기도 하고 사과잼도 새콤한 사과, 달콤한 사과 등을 다양하게 섞었다. 그때 배운 대로 나는 유자잼을 만들 때 귤, 자몽, 오렌지를 함께 넣는데 그러면 훨씬 다채로운 맛이 난다. 잼도 넉넉한 사이즈의 두꺼운 냄비에 만들어야 맛있다. 옆으로 튀지 않고 쉽게 타지 않으면서 만드는 동안 습기가 날아간다. 한동안 잼에 빠져서 잼용으로 냄비, 도구도 사고 주변에 선물도 엄청 많이 했다. 병 소독해서 일렬로 세워두고 파머스 마켓의 농익은 과일 사다가 잼을 만드는 게 주말 일과였다. 그런데 요즘 과일값은 잼을 만들기엔 너무 비싸서 아쉽다.

**시판 제품을 활용한 디저트**

한식 후식은 떡, 과일, 약과, 식혜 등 전통적인 느낌에 갇혀 있어서 어떻게 하면 한식 후식을 예쁘게 낼 수 있을까 요리책이나 방송 등을 보며 고민했다. 자몽화채는 자몽과 코스트코 자몽주스를 섞어 만드는데 명절에 식혜 대신 내는 음료다. 나는 이렇게 시판 제품을 활용해 디저트 만들기를 즐긴다. 딱딱한 복숭아는 저며서 복숭아양의 10분의 1 정도 되는 설탕과 코냑 즈금을 섞어놓는다. 복숭아 5개면 설탕 5큰술, 코냑 3큰술이다. 이렇게 재워두면 코냑 풍미가 나는 복숭아가 된다. 이대로 내거나 바닐라 아이스크림 위에 얹어 내면 근사하다. '비비빅' 아이스 바에 얼음을 넣어 갈고 연유나 우유를 넣어 팥빙수처럼 먹어도 맛있다.

## 차 만들기

차는 재료와 동량의 설탕을 넣는 것을 기본으로 한다. 생강차는 설탕과 꿀을 섞어 만들면 맛도 진하고 꿀의 풍미가 더해져 좋다. 모과와 유자는 채 썰어 설탕에 버무려 하루 정도 실온에 재워뒀다가 국물 맛을 보고 레몬즙을 넣거나 설탕을 더 넣는다. 정해진 것은 없고 입맛 따라 조절하면 된다. 다만 영양과 향은 껍질에 있으니 껍질을 함께 넣는 것이 좋다.

**대추차** 대추는 베이킹 소다를 푼 물에 담가 씻는다. 마른 대추를 조물조물해서 5~10분 정도 두면 촉촉해지는데 이렇게 한 후 설탕에 재우면 간이 잘 밴다.

**모과차** 모과를 베이킹 소다 푼 물에 담갔다가 문질러 껍질의 왁스 성분을 씻어낸다. 모과는 딱딱해서 칼로 자르기가 쉽지 않다. 일단 얇게 슬라이스한 후에 칼로 채 썬다. 채칼로 슬라이스 썰면 과육이 뭉그러지고 끊어져서 지저분하다.

**유자차** 유자도 베이킹 소다를 푼 물에 30분 정도 담갔다 씻어 차를 만든다. 유자는 껍질만 넣어 차를 만든다. 과육을 넣으면 씨도 많고 차도 맑지 않다.

**생강차** 햇생강이 나오는 철에 생강을 사서 반은 생강술을 만들고 반은 생강차를 만든다. 햇생강은 껍질 벗기기도 좋다. 숟가락으로 살살 긁어 껍질을 벗긴 생강을 채 썰어서 꿀과 설탕을 반반 넣고 재워 생강차를 만든다.

## 작년에 담근 유자차로, 유자셔벗

유자차 건더기 1컵, 물 1컵, 시판 자몽주스 1컵

**Cooking**

1. 시판 자몽주스를 동그란 얼음 틀에 얼린다.
2. 유자차 건더기와 물을 믹서에 넣고 갈아 납작한 냉동 용기에 담아 얼린다.
3. 3시간 정도 지나 ②를 수저로 긁어서 잔에 담고 ①의 자몽주스 얼음을 올려 낸다.


## 막상 해보면 쉬운, 수정과

계피·저민 생강 1컵씩, 설탕 1/2컵, 곶감·잣 적당량

**Cooking**

1. 물 10컵에 얇게 저민 생강 1컵을 넣고 중간 불로 40분간 끓인다.
2. 물 10컵에 계피 1컵을 넣고 중간 불로 40분간 끓인다.
3. 곶감은 씨를 떼고 반으로 가른 후 잣을 넣고 돌돌 말아 비닐 랩으로 싸둔다.
4. ①과 ②를 각각 면포에 걸러 합친다. 냄비에 담고 설탕을 넣은 후 10분 정도 끓여 차게 식힌다.
5. 잔에 ④의 수정과를 담고 ③의 곶감말이를 잘라 띄워 낸다.

**Diana's Note**

유자차는 1년 지나면 쓴맛이 나서 차로 먹기 좀 아쉬워요. 이럴 때 유자셔벗을 만들어 먹으면 상큼하고 개운해요. 자몽 얼음 토핑은 일본 편의점에서 과일 맛 얼음과자를 보고 힌트를 얻었답니다.

**Diana's Note**

생강 물과 계피 물은 각각 따로 끓인 뒤에 합쳐야 고유의 풍미를 살릴 수 있어요. 호두곶감말이는 호두의 껍질을 이쑤시개로 일일이 벗겨야 해서 호두 대신 잣을 넣고 곶감말이를 만들어요.

## 자몽 과육만 발라서, 자몽화채

자몽 6개, 밤 10개, 배 1개, 시판 자몽주스 1병(2.8L)

**Cooking**

1. 밤은 껍질을 까서 하루 정도 말렸다가 채 썬다.
2. 자몽은 속껍질 경계에 칼집을 넣어 과육만 발라낸다. 배는 채 썬다.
3. ②의 자몽에 자몽주스를 부어 냉장고에 보관했다가 밤 채와 배 채를 띄워 낸다.

**Diana's Note**
위의 양으로 만들면 김치통 1개 분량이 나와요. 밤 채 썰기는 쉽지가 않은데 껍질을 까서 하루 건조했다가 썰면 그나마 수월해요. 배 채만 넣어도 맛도 색도 예쁘니 밤은 생략해도 됩니다.

## 나의 사소한 수집품

**거즈**

나는 면, 특히 거즈를 사랑한다. 집에서도 타월 대신 거즈를 수건으로 쓰고, 행주나 손수건도 거즈 소재를 선호한다. 여행할 때도 2~3장 챙겨가 베개 덧커버로 쓴다. 스누피에 나오는 라이너스의 애착 담요처럼 거즈 한 장이 내 마음을 안정시킨다.

**파우치**

여행은 나의 주된 취미이자 즐거움이다. 여행 가기 2주 전부터 짐을 싸며 여행의 설렘을 누린다. 파우치가 있으면 짐을 쌀 때도, 여행 가서도 편리하다. 화장품, 액세서리, 속옷, 겉옷, 신발 등을 파우치에 구분해 담으면 짐이 정돈되고, 부피도 줄며, 여행지에서 물건 찾기도 수월하다. 게다가 예쁜 주머니들은 현지 친구나 지인에게 선물을 건넬 때 포장용으로 쓰기도 좋다. 헝겊 지갑에 각 나라의 돈을 보관해두면 혼동도 방지할 수 있고, 다시 여행할 때 사용하기도 편리하다. 사진의 분홍색 지갑은 30년 전 상하이에서 사온 것으로 지퍼 달린 앞주머니가 따로 있어 더욱 편리하다. 나의 수납장에는 다양한 재질과 모양의 예쁜 주머니들이 가득하다.

**예쁜 통**

나는 유난히 통을 좋아한다. 종이, 플라스틱부터 초콜릿이나 과자가 담겼던 예쁜 상자, 뚜껑 있는 바구니, 고급 옻칠함, 앤티크 상자까지 모양, 크기, 재질에 상관없이 모든 통이 좋다. 선물보다 선물 상자에 흥분한 적도 꽤 많다. 상자들을 모아두었다가 액세서리, 속옷, 양말, 단추나 옷핀처럼 작은 물건들의 정리 상자로 쓴다. 간식이나 약, 리모컨 등도 상자에 담아두면 공간이 한결 정돈되고 쓰기도 좋다. 약통은 덜 찾고 싶은 바람을 담아 뚜껑 달린 바구니에 담아두고, 리모컨은 자꾸 어딘가로 달아나니 정해진 자리에 놓은 상자 속에 담아둔다. 그런데 간식 통은 조금 용도가 다르다. 간식을 좋아하는 남편을 위해서 곳곳에 숨겨놓는 것. 수납장에 한꺼번에 모아두면 더 많이 먹게 되는 것 같아 상자에 담아 여기저기에 둔다. 그래도 귀신같이 잘 찾아낸다(웃음).

### 가위

내게 가장 좋아하는 수집품을 꼽으라면 가위라고 답할 것이다. 특별한 기준이 있다기보다 특이하고 예쁜 가위는 일단 데려온다. 예쁘면 좋고 잘 들면 더 좋다. 가격이 저렴한 것은 금방 망가지는 경우가 많고, 20~30년 써도 멀쩡한 가위도 있다. 가위 수집은 내 삶의 작은 즐거움이다. 택배 상자를 여는 곳이나 주방 식자재를 뜯는 위치 등 사용 빈도가 높은 곳에 가위를 두면 꽤 효율적이다. 우리 집에는 방마다 가위가 있고, 화장용, 바느질용, 포장용, 주방용, 여행용 등 용도에 따른 가위도 구비하고 있다. 가위가 '쏙~' 하고 뭔가를 자를 때 기분도 상쾌하다. 어쩌면 모든 크고 작은 걱정을 이렇게 싹 잘라낼 수 있으면 좋겠다는 기대 때문일지도.

### 손수건

40년 전 일본의 어느 백화점에서 손수건을 처음으로 샀던 것 같다. 손수건은 비싸지 않으면서 예쁜, 나를 위한 선물로 제격이다. 음악회에 갈 때는 까만 손수건, 비 오는 날은 화사하고 재밌는 그림 손수건 식으로 그날의 기분이나 약속에 따라 손수건을 챙겨 나가곤 한다. 왜 그렇게 손수건을 다채롭게 쓰느냐고 묻는다면 나를 행복하게 하는 사소한 행위이기 때문이라고 답하고 싶다.

# 나의 팬트리

**샘표 간장**
간장은 모두 샘표 제품을 쓴다. 진간장은 맛과 색이 진해서 조림, 찜, 볶음에 쓰고 양조간장은 양념장, 무침 등에 쓴다.

**샘표 재래식 옛된장**
샘표 재래식 옛된장은 집에서 만든 된장처럼 맛있고, 달지 않아서 좋다. 특히 일본 미소 된장과 섞어서 숙성하면 부드럽다.

**청정원 순창 태양초찰고추장**
제육볶음 양념부터 초고추장, 마늘장아찌를 담글 때까지 두루 쓴다.

**샘표 가쓰오부시 장국**
메밀 육수 만들 때, 조림 반찬이나 불고기 할 때도 쓴다. 양념 없이도 조림 반찬, 불고기의 맛을 내기 좋다.

**가야노야 다시 팩**
유기농 재료를 쓴 저염 육수 팩으로 맛도 진하고 향도 좋다. 멸치 다시마 육수가 필요한 모든 음식에 이 제품을 쓴다.

**풀무원 두부곤약면**
새우말이냉채 만들 때 해파리를 대체할 수 있는 재료로 곤약국수를 쓴다. 식감도 좋고 색깔도 예뻐서 애용하고 있다.

**무첨가 미소 된장**
전통 된장과 섞어서 우리 집 만능 된장을 만들 때는 다른 첨가물이 없는 이 제품을 고른다.

**조미료 안 넣은 멸치 액젓**
지인 가족이 남해에서 만들어 파는 멸치 액젓. 감칠맛이 좋고 시판 액젓보다 맛이 순하다.

**풀무원 실키 두유면**
콩국수 만들 때 소면 대신 애용한다. 삶을 필요 없이 봉지에서 꺼내 면기에 담으면 국수 준비 끝.

**페이머스 데이브스 콘 브레드 믹스**
코스트코에서 파는 이 믹스에 달걀과 우유를 듬뿍 넣으면 너무 간단하게 옥수수머핀을 만들 수 있다.

**샬러 & 베버 스위트 & 스파이시 머스터드**
한국식 겨자 소스가 너무 맵고 쓴맛이 날 때가 있다. 이 독일 머스터드에 식초와 참기름만 넣으면 딱 알맞은 머스터드 드레싱이 된다.

**비락수정과**
수정과젤리 만들 때 애용한다. 이 수정과에 판 젤라틴을 섞어 굳히면 된다.

**맥코믹 타코 시즈닝**
타코를 좋아하는 우리 집에 늘 상비하는 재료. 타코 시즈닝 중에서 가장 맛있다.

**큐피 참깨 드레싱**
큐피 참깨 드레싱은 채소샐러드, 해산물냉채 등에도 잘 어울린다. 전복, 새우, 채소 등에 뿌리면 한순간에 고급 요리로 변신한다.

**비피 포르치니 머시룸 소스**
수프용이지만 버섯을 몇 가지 더 넣어 크림소스파스타, 닭고기스테이크 등의 소스로 활용한다. 이 소스를 이용한 파스타는 급할 때 가장 만들기 쉬운 요리 중 하나다. 코스트코에서 판매.

**하인즈 데미글라스 소스**
시판 햄버그스테이크 소스를 찾아 헤매다 찾은 가장 홈메이드에 가까운 제품.

**그린자이언트 크림 스타일 스위트콘**
나의 시그너처 메뉴인 콘프딩의 필수 재료다. 이 크림 콘을 게살과 믹스하면 훌륭한 중식 수프가 된다.

**맥코믹 몬트리올 스테이크 시즈닝**
모든 고기, 특히 쇠고기 밑간 할 때 쓰면 냄새도 잡아주고 양념도 알맞게 된다. 특히 햄버그스테이크 만들 때 필수.

287

# Index

## ㄱ
갈비찜 164
개성식 닭국 124
고기군만두 156
궁중떡볶이 252
그린토마토김치 232
김치보따리 132
김치찜 67
깍두기 224
깍두기볶음밥 242
깻잎장아찌 214

## ㄴ
냉라면 262
너비아니 182

## ㄷ
닭곰탕 81
닭다리스테이크 73
닭죽 82
대추차 275
돈가스 248
된장비빔밥 32
두부김치 48
등갈비찜 146
땅콩조림 200
떡국 170

## ㄹ
라구파스타 264
레몬 소금 14
레몬에 담은 연두부 50
레몬치즈케이크 128

## ㅁ
마늘 고추장 15
만능 김치 양념 16, 224, 226, 230, 234
만능 된장 16, 30, 32
머스터드 드레싱 16, 74, 94, 142
멸치볶음 202
명란백알탕 36
모과차 275

## ㅂ
반숙달걀장 198
배동치미 122
배추김치 132, 222
백김치 118
버섯크림 파스타 90
버섯파스타 266
보쌈 184
불고기 180
브로콜리참깨무침 54
비빔국수 260

## ㅅ
사과카레라이스 244
새우말이냉채 142
새우만두 154
새우파스타 144
생강 간장 15, 110, 112, 188
생강 간장 소스 가자미구이 188
생강 간장 소스 닭봉튀김 112
생강술 15, 110, 112, 146, 154, 180, 190, 204, 248, 252
생강차 275

소금 12
쇠고기뭇국 168
수정과 276
수정과젤리 102
순두부찌개 42
시금치된장국 30
쌈장 184

## ㅇ

아스파라거스를 곁들인 전복 110
알배추과일샐러드 134
양배추김치 234
연근조림 200
오이김치 230
오이탕탕이 56
오징어오이무침 166
옥수수머핀 100
완두콩 얹은 두부조림 46
우엉잡채 178
유자셔벗 276
유자차 275

## ㅈ

자몽화채 278
장미 소금 14
장조림 204
저염 만능 간장 15, 42, 67, 164, 178, 180, 190, 198, 200, 204, 258, 262, 266
젓국장 184
제육볶음 190
제철 채소 장아찌 210
진미채 206

## ㅊ

치킨샌드위치 76
치킨샐러드 74, 76
치킨수프 78

## ㅋ

카레우동 246
콘푸딩 98
콩국수 92
콩나물국 65
콩나물무침 64
콩나물밥 63
크림치즈만두 158

## ㅌ

타코 254
통마늘장아찌 212

## ㅍ

파김치 226
포두부채소말이 94

## ㅎ

햄버그스테이크 50
향신료 소금 14
허브 소금 14
호박만두 152
호박전 126

순식간에 완성되는 마법 같은 한식 레시피

# Diana's Easy Table

초판 1쇄 발행 2023년 12월 29일

**지은이** 다이아나 강

**펴낸곳** 브.레드
**책임 편집** 이나래
**에디터** 부계영
**교정·교열** 전남희
**사진** 스튜디오 일오 이과용
**디자인** 아트퍼블리케이션 디자인 고흐
**마케팅** 김태정
**인쇄** (주)상지사 P&B

**출판 신고** 2017년 6월 8일 제2017-000113호
**주소** 서울시 중구 퇴계로 41길 39 703호
**전화** 02-6242-9516 | **팩스** 02-6280-9517
**이메일** breadbook.info@gmail.com

ⓒ다이아나 강, 2023
이 책 내용의 전부 또는 일부를 재사용하려면 출판사와 저자 양측의 동의를 얻어야 합니다.
ISBN 979-11-90920-43-8